Enseñanza que transforma

Enseñanza que transforma

La relevancia de la enseñanza anabautista menonita

John D. Roth

Herald Press

Harrisonburg, Virginia
Kitchener, Ontario

Library of Congress Cataloging-in-Publication Data
Roth, John D., 1960-
  [Teaching that transforms. Spanish]
  Enseñanza que transforma : la relevancia de la educación anabau-
tista menonita / John D. Roth.
     pages cm
  Includes bibliographical references and index.
  ISBN 978-0-8361-9943-7 (pbk. : alk. paper)
  1. Mennonites--Education. I. Title.
  LC586.M4R6818 2015
  371.071'43--dc23

                                                    2015013257

ENSEÑANZA QUE TRANSFORMA
Copyright © 2015 por Herald Press, Harrisonburg, VA 22802.
  Lanzado simultáneamente en Canadá por Herald Press,
  Kitchener, Ontario N2G 3R1. Todos los derechos reservados.
Número de control de la Library of Congress: 2015013257
ISBN: 978-0-8361-9943-7
Impreso en los Estados Unidos de América
Traducción: Cristina Horst
Diseño de portada: Merrill Miller

20 19 18 17 16 15   5 4 3 2 1

Para encargar o solicitar información, puede llamar al
1-800-245-7894 o visitar la página en Internet
www.heraldpress.com.

A mis padres, Paul y Caroll Roth, mis primeros y mejores maestros, cuyo fiel apoyo a la Iglesia Menonita de Millersburg y su inversión de toda la vida en la educación menonita han moldeado profundamente mi vida cristiana.

Índice

Prólogo

Recuerdo bien el día en que conocí a John Roth, un joven profesor de *Goshen College*, en octubre de 1991. Yo acompañaba a un pastor nuevo en una orientación por las oficinas de la Iglesia Menonita en Elkhart, de manera que me uní al grupo al que habían invitado a visitar los archivos denominacionales en el campus de *Goshen College*. Caminando hacia el edificio de ladrillo, oí de pasada algunos comentarios sobre cuán aburrido podía ser este evento. Esto cambió no bien conocimos a Roth, quien fue el anfitrión de la ocasión. Comenzó mostrándonos libros de algunos siglos de antigüedad de su colección. Escuchamos cautivos su repaso de la historia menonita, hecho de un modo que nos tocó a todos los integrantes del grupo, que era étnicamente diverso. Resultó que nos demoramos tanto con preguntas comprometidas que llegamos tarde para la próxima "parada" del recorrido.

Roth, un talentoso maestro y sagaz historiador, demostró claramente la verdad del refrán: "No existen temas aburridos, solo profesores aburridos". En cuestión de minutos, Roth pudo transformar nuestras ideas sobre la naturaleza y el propósito de los archivos históricos de la iglesia. En lugar de verlos solo como un depósito de registros viejos, llegamos a verlos como un almacén rico en recursos que nos pueden ayudar a contar historias de la fidelidad de Dios hacia su pueblo.

Desde aquel día en Goshen, he visto a Roth ejercer sus dones como profesor, escritor, historiador y orador público. El libro que usted tiene en sus manos es solo un ejemplo más de su habilidad para comunicar una profunda convicción con claridad, cuidadosos matices y gracia. En este volumen, Roth no solamente trata la historia de las escuelas conectadas con la Agencia Menonita de Educación, sino que lo hace de un modo que captará su atención como lector.

Roth describe con empatía los impulsos sectarios que llevaron a la fundación de muchas de las primeras escuelas menonitas como un "modo defensivo de preservar un derecho de nacimiento sociológico y teológico". Luego describe la transformación de estas instituciones a una actitud más comprometida y acogedora que ha atraído tanto a estudiantes como profesores que no pertenecen a la iglesia menonita. Él sostiene que este cambio es más que "una estrategia de supervivencia en un mercado competitivo". Más bien, cree que "nutrir las relaciones con personas que están más allá de las fronteras tradicionales de la comunidad menonita es una expresión positiva y congruente de la fe anabautista menonita". Reconoce el valor del abordaje misional de la tarea educativa, aunque plantea interrogantes importantes sobre el mejor modo de llevar a cabo la tarea misional. Conservando la sensibilidad hacia aquellos que disienten, Roth argumenta que aún existe un espacio vital para la particular educación menonita.

A pedido de la Agencia Menonita de Educación, Roth ha producido en este volumen una filosofía anabautista de la educación. Si anticipa un discurso aburrido sobre un tema abstracto, se llevará una grata sorpresa. Roth le ha infundido a este libro la vida y la energía que surgen de su convicción de que las escuelas menonitas "serán moldeadas por un modo cristocéntrico de leer las Escrituras, una comprensión cristocéntrica de las relaciones con otras personas y una visión cristocéntrica de la iglesia como la forma visible del Jesús resucitado en el mundo actual". Roth no solamente trata el tema de un modo provechoso, sino que brinda vívidos ejemplos a lo largo de su obra.

Este volumen echa una mirada a la pedagogía —la práctica o el arte de enseñar— desde una perspectiva anabautista. Otra vez con ejemplos vívidos, Roth demuestra las maneras en que la enseñanza cristiana eficaz cultiva en los alumnos una atención a la presencia creativa de Dios al estimular la plena expresión de todos los sentidos corporales. Sostiene que parte de la enseñanza más influyente de una escuela cristiana se hace fuera del currículo planificado en el aula. El etos subyacente de una escuela —su filosofía, suposiciones organizadoras y prácticas diarias— impacta a los alumnos tan profundamente como los profesores en el aula. Sobre todo cuando existen incongruencias entre la misión establecida y las prácticas reales de una escuela, se "capta" más de lo que se "enseña".

Una de las ideas más provechosas de este libro es la amable insistencia en que no se puede escapar a la "vergüenza de la particularidad". Con esto quiere decir que cada escuela, como cada iglesia, reflejará siempre una "identidad teológica y cultural *particular*". No existe la institución "cristiana" genérica. Por lo tanto, las escuelas menonitas harán bien en cultivar y expresar abiertamente las distinciones que yacen en el corazón de su esfuerzo educativo.

Al igual que la familia de Roth, los cinco miembros de mi familia han disfrutado los beneficios educativos de una escuela afiliada a la Agencia Menonita de Educación. Tanto mi esposa Bonnie como yo nos graduamos en *Eastern Mennonite Seminary*. Salvo el año en que nuestra familia vivió en Gales, nuestros tres hijos asistieron desde el jardín de infancia hasta el octavo grado a *Kraybill Mennonite School* en Mount Joy, Pensilvania, y se graduaron en *Eastern Mennonite University*. Queremos agradecer profundamente por el modo en que estas escuelas han moldeado nuestras vidas.

Recientemente Bonnie y yo disfrutamos varios días en la casa de John Roth. Conversamos alrededor de la mesa y en la atmósfera relajada de la sala. Charlamos acerca de una diversidad de temas: nuestras familias, nuestra participación íntima en nuestra iglesia local, el trabajo con sentido en las instituciones de la iglesia y el compromiso con otros cristianos en la escena internacional. La cálida hospitalidad de los Roth confirmó lo que percibí en John hace casi veinte años: su participación en la educación menonita ha enriquecido profundamente su vida y la de muchos otros. Si usted continúa la lectura de las páginas de este libro, también se enriquecerá.

Ervin R. Stutzman
Director ejecutivo de la Iglesia Menonita de EE. UU.
Harrisonburg, Virginia
Octubre de 2010

Introducción

El 8 de enero de 2002, el presidente George W. Bush convirtió en ley una legislación cuyo objetivo era transformar la educación pública en Estados Unidos. Las metas establecidas en la Ley *No Child Left Behind* (Que ningún niño quede rezagado) de 2001, que buscaban mejorar el rendimiento de los alumnos de primaria y secundaria enfocándose en parámetros convenidos a nivel nacional, no parecían polémicas. Sin embargo, en los años siguientes, la legislación detonó un importante debate público sobre la educación. Para algunos, la nueva ley hizo finalmente que profesores y directores rindieran cuentas por la calidad de la educación que brindaban a sus alumnos. Si las escuelas que no alcanzaban el rendimiento establecido no implementaban reformas drásticas, se enfrentaban a la posible reorganización por mandato por parte del estado o a la pérdida de financiamiento.

Sin embargo, otros criticaron severamente la legislación. Las reformas parecían concentrarse en una sola medida de la capacidad —el puntaje de las evaluaciones— como parámetro del éxito o el fracaso educativo. Al mismo tiempo, imponían un conjunto de expectativas uniformes que ignoraba las diferencias fundamentales en los contextos sociales, económicos y culturales. Además, los parámetros federales establecidos estaban frecuentemente mal financiados. Como resultado, desaparecieron las clases de arte, música e idiomas, y los profesores, desanimados, dedicaron cada vez más tiempo en el aula a las estrategias de evaluación.

Más allá de la postura que usted tenga sobre la legislación en sí, el apasionado debate público generado por No *Child Left Behind* dejó en claro una cosa: ¡la educación importa!

Una preocupación que impulsó el debate nacional sobre la evaluación, la rendición de cuentas y los resultados mensurables fueron simplemente los cálculos fríos de la lógica económica. En el otoño de 2010, el sistema público de Estados Unidos empleó a unos 3,3 millones de profesores de primaria y secundaria para educar a cerca de 50 millones de alumnos, con un adicional de 6 millones de alumnos inscriptos en escuelas privadas. Durante el ciclo lectivo 2010-2011, en Estados Unidos se pagaron en impuestos no menos de $540 mil millones solo en educación primaria y secundaria, promediando casi $10.800 por alumno. Si sumamos a estos números la inversión pública en educación luego de la secundaria, el gasto total prácticamente se duplica.[1] Claramente, nuestra sociedad está destinando una cifra significativa de recursos nacionales a la educación de nuestros niños y jóvenes. Por lo tanto, cuando la encuesta sugiere que los puntajes de las evaluaciones de matemática y lectoescritura, especialmente entre los alumnos norteamericanos, están cayendo sustancialmente por debajo de sus equivalentes en otros países desarrollados, la gente comienza a preguntar: ¿vale la pena la inversión nacional en educación? ¿Cuáles son las consecuencias de una educación de baja calidad para el futuro bienestar de nuestra economía y nación?

Más allá de los cálculos económicos, el debate sobre reformas educativas es tan apasionado porque reconocemos además cuán cercana es la relación entre la educación y el bienestar de la vida de las personas. En nuestra cultura, el éxito personal, ya sea que se lo defina como ingreso económico, elección vocacional, libertad de movimiento o inclusive esperanza de vida, está ligado casi inseparablemente al acceso a una educación de calidad. El debate importa porque lo más probable es que la educación que reciban nuestros hijos marque el trayecto del resto de sus vidas. Los sueños, esperanzas y aspiraciones de millones de jóvenes penden de un hilo.

Pero existen razones aún más profundas que explican la energía emocional evidente en las discusiones. Desde el comienzo de la historia de la humanidad, la educación, tanto formal como informal, ha sido el modo en que las sociedades transmitieron sus valores espirituales, culturales y políticos más profundos de una generación a otra. A diferencia de la mayoría de las otras criaturas, los bebés humanos llegan al mundo sin movilidad propia, dientes ni vello corporal que los proteja. Para sobrevivir, los humanos dependen en gran medida de la transmisión del conocimiento cultural, en lugar de sus instintos naturales. Además, en los humanos, la adolescencia se extiende por mucho tiempo, durante el cual los jóvenes dependen de su familia y de la comunidad. Esto significa que las comunidades humanas invierten una enorme cantidad de recursos económicos y sociales en la educación de sus jóvenes, transmitiendo no sólo habilidades para la supervivencia física sino también conocimientos más profundos, valores espirituales y sabiduría que le otorgan sentido y propósito a la vida.

Nuestros primeros entornos educativos son siempre informales y están dentro del contexto de una familia o comunidad local. Casi de inmediato se nos sumerge en el lenguaje, confiando en aquellos que nos rodean para hablarnos de forma lenta, simple y clara. Gradualmente, a través de la exploración, el juego y la repetición, desarrollamos habilidades motrices y una conciencia de las causas y los efectos. En las interacciones más sutiles pero no menos cruciales con otros comenzamos a desarrollar habilidades emocionales e interpersonales básicas. Al madurar, nos damos cuenta de las consecuencias de nuestras decisiones, de los misterios del amor y el odio, de las prácticas de fe y adoración, y de las realidades espirituales mayores que constituyen el fundamento de la dignidad humana y de la toma de decisiones morales con sentido. Gran parte de este proceso se realiza sin ninguna intención ni diseño consciente.

Pero la educación también acontece de una manera más formal. Los padres les enseñan continuamente a sus niños, a menudo a través de la repetición, a funcionar en complejos contextos sociales al decir "por favor" y "gracias" o al dar la mano para un saludo más formal. Aprendemos a interactuar con el mundo natural que nos rodea al cuidar mascotas, hacer campamentos y observar prácticas propias de padres y madres, como reciclar o cuidar el jardín. Las destrezas básicas se pasan de generación en generación en cocinas, granjas y talleres o, lo que es más probable hoy en día, en aulas, salas de conferencia y laboratorios.

En todas estas formas diversas de educación están en juego las suposiciones fundamentales sobre cómo funciona el mundo. Por cierto, la educación nunca es *solamente* leer y escribir o prepararse para el futuro mercado laboral. En esencia, la educación es el medio por el cual los humanos negocian cómo se relacionan entre sí, cómo se involucran con el mundo natural y cómo entienden los grandes interrogantes de la bondad, la justicia y la verdad.

Esta es una razón por la cual a tantos padres y educadores les preocupa definir los resultados educativos a través de evaluaciones estandarizadas, como parece haber sido el caso de la Ley *No Child Left Behind*. Al acecho en el trasfondo de los debates nacionales actuales sobre métodos educativos y prioridades no están solamente las preguntas técnicas sobre los métodos de enseñanza o los sistemas de ejecución, sino una multitud de preocupaciones relacionadas con los valores que van mucho más hondo que la capacidad demostrada en una serie estrechamente definida de resultados mensurables. ¿Cuál es, por ejemplo, el rol relativo de la educación pública comparado con otras instituciones sociales como la familia o la iglesia? ¿Cómo debería mejorarse la distribución del número finito de dólares destinados a educación? ¿Cuál es la naturaleza de nuestro compromiso hacia niños con necesidades especiales, niños que no hablan inglés como primer idioma o niños que pasan hambre?

Al responder a estas preguntas reconocemos un hecho frecuentemente escondido en el debate público. En tanto nuestras convicciones sobre la educación reposan inevitablemente en suposiciones respecto a cosas como la verdad, la justica y la naturaleza de nuestro compromiso con el otro, las conversaciones sobre educación son de naturaleza *religiosa*. Nuestras convicciones sobre lo que debe transmitírsele a la próxima generación —para qué fin y por qué medio pedagógico— revelan nuestras suposiciones más básicas acerca del mundo, nuestras creencias acerca de la naturaleza humana, nuestra visión de una buena sociedad y nuestras ideas sobre el mejor modo de llevar a cabo dicha visión.

Todo sistema político moderno, sea una variación contemporánea de democracia participativa, el comunismo estalinista de Rusia, el nacionalsocialismo de Hitler o la saría en países islámicos, le ha dedicado una enorme atención a nutrir a niños y jóvenes. La educación nunca es un proyecto libre de valores ni se puede reducir jamás solo a la competencia en materias como la lectura, la escritura y la aritmética.

La educación desde una perspectiva menonita

Este libro participa del debate público abierto sobre educación al enfocarse en los fundamentos religiosos de la enseñanza y el aprendizaje según la expresión que encontraron en una tradición cristiana particular: los menonitas. Como todos los grupos religiosos, los menonitas tienen un fuerte interés en comunicar sus creencias y prácticas características, no solo a sus propios miembros sino también a otros a quienes pueda interesarles su comprensión de la fe cristiana. Desde sus comienzos en el movimiento anabautista de la reforma del siglo 16, los grupos de la tradición anabautista menonita han transmitido su fe a través de historias, canciones, confesiones y catecismos. Durante gran parte de su historia, los menonitas buscaron que fueran el hogar y la congregación los principales responsables de la enseñanza bíblica, la instrucción en los rituales formativos como la oración y la adoración, y el modelar la fe cristiana en la vida diaria. Sin embargo, en su recorrido también han estado atentos a estructuras más formales de educación.

Desde su llegada a Norteamérica en 1683, los menonitas se han preocupado por la educación primaria, llegando a fundar algunas de las primeras escuelas en las regiones de Franconia y Lancaster en el este de Pensilvania. Estas escuelas funcionaban frecuentemente en los edificios utilizados por la congregación para el culto o en estructuras de un ambiente construidas por miembros de la congregación. Con la aprobación de la Ley de la Escuela Pública Gratuita de Pensilvania en 1834, la mayoría de estas escuelas pasaron a ser escuelas comunitarias, abiertas a todos los residentes de la zona. En los cien años siguientes aproximadamente, los menonitas de Estados Unidos apoyaron por lo general la educación pública, ya fuese pagando impuestos, como padres, o como maestros o directores, considerándola una institución que servía al bien común.

Durante el siglo 20, los menonitas norteamericanos incrementaron cada vez más su compromiso de ofrecer una alternativa a la educación pública a través de escuelas privadas vinculadas a la iglesia. Dichas escuelas, financiadas por fondos para la educación privada y organizadas en torno a la misión explícitamente religiosa, se crearon con el mismo fin que las escuelas públicas existentes: para proveer instrucción académica básica que ayudara a niños y jóvenes adultos a ser ciudadanos productivos. Sin embargo, quienes apoyaban a estas escuelas de la iglesia también tenían el compromiso de cultivar en sus alumnos la fe y las prácticas cristianas, enraizadas por lo general de manera bastante consciente en la tradición anabautista menonita.

Al comienzo de la primera década del siglo 21, más de cuarenta escuelas, desde jardines hasta seminarios, estaban afiliadas a la Agencia Menonita de Educación (MEA, por sus siglas en inglés), la organización a la cual la Iglesia Menonita de EE. UU. le encarga la responsabilidad de supervisar su programa de educación relacionada con la iglesia.[2] En general, estas escuelas están prosperando en la actualidad, bendecidas con directores talentosos, profesores bien capacitados, instalaciones impresionantes, fuertes tradiciones académicas y programas exitosos de deportes, arte y música. Sin embargo, al mismo tiempo, la educación menonita está transitando una transformación religiosa, cultural y económica significativa que plantea desafíos abrumadores y complejos para el futuro.

Del modo más simple posible, estos desafíos pueden resumirse así:

1. Todas las escuelas afiliadas a MEA han escogido dicha relación por su compromiso, no obstante los diferentes grados de entusiasmo, de moldear sus instituciones en torno a la comprensión de la fe cristiana según la tradición anabautista menonita, tradición que ofrece un enfoque característico a su identidad. Todas las escuelas han enmarcado su misión, pedagogía y resultados educativos deseados, al menos de manera implícita, como expresión de esta tradición cristiana particular.

2. Al mismo tiempo —y aquí es donde frecuentemente surgen las tensiones—, la tradición anabautista menonita en Norteamérica está inmersa en una profunda transformación. Durante gran parte de su historia aquí, los menonitas se han establecido en comunidades homogéneas. En muchas de esas comunidades, una fuerte identidad congregacional —agudizada por la visión de la iglesia separada del mundo, un compromiso con el pacifismo que con frecuencia les genera conflictos con sus vecinos y una desconfianza general hacia la cultura— albergó un sentido de alteridad. Esta sensación persistió de maneras sutiles mucho tiempo después de que los menonitas se insertaran plenamente en el mundo moderno de las profesiones, la educación superior y el involucramiento cultural. Por un tiempo, la identidad menonita podía condensarse en una formulación teológica, en ocasiones denominada "visión anabautista". Ser menonita significaba que uno se identificaba con cierta tradición teológica característica, arraigada en la Reforma radical del siglo 16, con un énfasis fuerte en el discipulado, la comunidad y una ética del amor.

Sin embargo, hacia el final del siglo 20, los fundamentos tanto sociológicos como teológicos de la identidad menonita se estaban atenuando cada vez más. Como en muchas de las principales denominaciones protestantes en Norteamérica, la lealtad de los menonitas a las instituciones denominacionales ha estado menguando progresivamente. El apoyo a las publicaciones menonitas, agencias de misión y organizaciones de servicio que antes se daba por hecho, se enfrenta ahora a la creciente competencia de otros grupos. A pesar del compromiso activo con los esfuerzos misionales, las congregaciones menonitas están envejeciendo y la membresía total permanece invariable o disminuye lentamente. Además, muchos menonitas se han vuelto cada vez más ambivalentes ante características teológicas tradicionales como el pacifismo o la no conformidad a la cultura dominante. Las expresiones comunitarias de vida cristiana han quedado obsoletas. Como resultado, las diversas escuelas afiliadas a MEA, al igual que sus congregaciones y conferencias sustentadoras, reflejan una gama de orientaciones teológicas y prácticas culturales. No queda totalmente claro qué significa ser una "escuela menonita" o abrazar una "filosofía anabautista menonita de la educación".

3. Si esta sensación creciente de diversidad interna es una manera negativa de encuadrar el contexto, una perspectiva más positiva sería resaltar el renovado compromiso con los esfuerzos misionales que evidencian las instituciones educativas menonitas. Aunque las escuelas menonitas fueron alguna vez un medio de defender y preservar un derecho de nacimiento sociológico y teológico, con una enorme mayoría de alumnos, profesores y directores con profundas raíces en las congregaciones menonitas locales, en la actualidad estas escuelas persiguen una misión más amplia. El número de alumnos que asisten a escuelas menonitas sin tener una conexión directa con la tradición anabautista menonita es cada vez mayor. Sin embargo, les atraen las características evidentes de estas escuelas: la calidad educativa, los valores religiosos generales, la

reputación de un personal compasivo o el compromiso con el servicio, la educación internacional y el trabajo por la paz. La mayoría de las escuelas menonitas afirman esta creciente diversidad en su alumnado, viéndola como una nueva oportunidad para el esfuerzo misional. Más que una estrategia para sobrevivir en un mercado competitivo, cultivar relaciones con personas más allá de las fronteras tradicionales de la comunidad menonita continúa siendo una expresión positiva y consistente con la fe anabautista menonita, una expresión que tiene el potencial de avivar y renovar la tradición.

4. Al mismo tiempo, esta creciente diversidad genera inevitablemente muchas preguntas difíciles y a menudo no articuladas que deben ser atendidas. Por ejemplo, ¿cuál es la relación entre la identidad de una escuela como institución "menonita" y la creciente diversidad de alumnos a los cuales la escuela sirve? ¿Qué le otorga a la escuela su carácter anabautista menonita? ¿De qué manera la relación explícita con MEA conecta a una escuela con los objetivos, la identidad y la visión más amplios de la tradición anabautista menonita? ¿Cómo se comunican o encarnan dichas cualidades? Si las escuelas han de ser verdaderamente misionales y han de abrir sus aulas a una gama mucho mayor de alumnos, ¿qué forma habrán de tomar las buenas nuevas del reino de Dios y cómo se evaluará adecuadamente el éxito de dichos esfuerzos misionales? En el modo más básico, ¿cómo habrán de mantener las escuelas menonitas el equilibrio entre la hospitalidad genuina de inclusión por un lado y por el otro, la tentación de diluir su identidad característica en pos del interés de aumentar el número de inscriptos o simplemente sobrevivir?

A la luz de la creciente diversidad que ha llegado a caracterizar a las escuelas menonitas en décadas recientes —junto al diálogo continuo dentro de la Iglesia Menonita sobre cuestiones de identidad y el debate público más amplio sobre objetivos y evaluaciones educativas—, los dirigentes de MEA han explorado diferentes maneras de abordar estos desafíos. Entre otras iniciativas, han encargado este libro como una manera de condensar algunas de las características centrales de una filosofía anabautista menonita de educación en un formato accesible, con la esperanza de que estimule un debate más amplio y constructivo entre congregaciones, padres, miembros de juntas educativas y profesores.

¿Qué es una filosofía de la educación?

A los oídos de algunos, la frase "filosofía de la educación desde una perspectiva anabautista menonita" puede sonar peligrosamente abstracta y teórica. Si bien este libro no tiene la intención de brindar recetas sobre el manejo del aula ni involucrarse en el debate sobre las mejores prácticas para enseñar a leer o encarar las matemáticas, espero que los capítulos siguientes sean útiles, prácticos y claros. De hecho, la preocupación central del libro es conectar fe y práctica, unir el mundo de las creencias cristianas con las realidades diarias del aula.

Por supuesto que el campo de la teoría educativa cuenta con una larga historia de filosofías que compiten entre sí —incluyendo a docenas de nombres venerables como John Dewey, María Montessori, Rudolf Steiner y Paulo Friere—, cada una cimentada en un conjunto de convicciones acerca de la naturaleza humana, los métodos pedagógicos y los resultados ideales hacia los cuales la educación debería dirigirnos. Además abundan los textos dedicados específicamente a las filosofías de la educación cristiana. Algunos de estos, especialmente aquellos que surgen de la tradición calvinista o reformada, enfatizan la argumentación racional y el desarrollo de una cosmovisión cristiana. Otros, especialmente los preferidos por los evangélicos conservadores, se enfocan en la doctrina cristiana y en los métodos más eficaces para inculcar las convicciones teológicas ortodoxas. Otros aun, que reflejan la creciente popularidad del movimiento de la escuela en el hogar, ofrecen un abordaje de la educación que apunta a preservar un estilo de vida característico fuera de la corriente cultural principal y libre del control del estado. Todos estos libros constituyen una literatura valiosa y variada que no intentaré resumir ni criticar de manera sistemática.[3]

Cuando utilizo la frase *filosofía de la educación*, entiendo que se refiere al maravilloso y complejo entramado de relaciones que unen las creencias con las prácticas, y a la reflexión consciente sobre cómo estas creencias y prácticas se comunican y se transforman en un contexto escolar. Tradicionalmente, a diferencia de los educadores de otros grupos cristianos, los de la tradición anabautista menonita no han sido muy explícitos o sistemáticos sobre las filosofías educativas que guiaban su abordaje de la educación. Con frecuencia, los menonitas han tomado prestado simplemente de otras tradiciones, de modo consciente o inconsciente. Como en gran parte de la teología menonita, la filosofía menonita también ha tendido a ser más implícita que explícita. En lugar de *expresarse* conscientemente, simplemente se la ha *encarnado*.[4]

Aunque puede haber algo de sabiduría detrás de este impulso, también está claro que la tradición anabautista menonita contiene abundantes recursos para articular una filosofía distintiva de educación. Este libro apunta a hacer más explícito lo que actualmente está implícito en las prácticas de la educación menonita —cómo enseñamos, qué enseñamos, los objetivos generales de nuestras aulas y nuestro modo de pensar sobre la enseñanza y el aprendizaje—, con la esperanza de que esta exploración estimule más debates entre miembros de juntas, directores, profesores, padres y pastores sobre el valor de la educación menonita.

Una filosofía de la educación desde una perspectiva anabautista menonita, según sugiero en las páginas siguientes, consiste en tres temas interrelacionados:

1. Énfasis teológicos comunes a todas las instituciones educativas menonitas

Una filosofía de la educación de carácter propiamente anabautista menonita debe comenzar con algunas comprensiones compartidas sobre teología. Definir las mismas no será un asunto fácil ni simple. Como regla general, los menonitas no han anclado su identidad en las estructuras altamente centralizadas de la autoridad eclesial ni en una lista de doctrinas ortodoxas. Sin embargo, salvo algunos matices inevitables en los énfasis, las escuelas afiliadas a MEA se alinean con una teología anclada en una comprensión encarnacional o cristocéntrica del evangelio, lo cual exige un fuerte énfasis en la revelación de Dios al mundo en la vida, las enseñanzas, la muerte y la resurrección de Jesucristo. Esto implica que las escuelas menonitas serán moldeadas según un abordaje cristocéntrico para leer las Escrituras, una comprensión cristocéntrica de las relaciones con otras personas y una visión cristocéntrica de la iglesia como la forma visible del Jesús resucitado en el mundo actual.

Debido a que la identidad teológica es siempre una cuestión dinámica, la descripción de la teología menonita en términos de la encarnación es el comienzo y no el fin del debate. De hecho, una característica del abordaje encarnacional es el reconocimiento de que la fe siempre encuentra expresión en contextos particulares y en formas distintivas o propias que varían de un lugar a otro. Pero ante toda la saludable variedad evidente entre las escuelas menonitas en la actualidad, debería existir un conjunto de énfasis identificables y también un marco compartido de convicciones para encuadrar estas diferencias locales dentro de un marco coherente mayor. Uno de los objetivos de este libro es ofrecer un lenguaje para esos temas distintivos, pero sin la intención de trazar límites nítidos sino de fortalecer un sentido más claro de propósito que respalde las metas educativas de todas las escuelas relacionadas con la iglesia menonita.

2. Una pedagogía constituida por convicciones anabautistas menonitas

Para lograr integridad, las convicciones teológicas siempre encuentran su expresión en hábitos y prácticas visibles. En el ambiente educativo, el enfoque principal de nuestra práctica en común es la enseñanza, junto con la red de relaciones que se forman en torno al proceso de aprendizaje. El arte de la enseñanza, a veces denominado pedagogía, se vale de una mezcla compleja del ambiente áulico, las suposiciones sobre el aprendizaje, las relaciones entre profesores y alumnos, el conocimiento y manejo de los contenidos, y una proyección consciente de los propósitos y objetivos.

Suponemos, como en el caso de la teología anabautista menonita, que la pedagogía se expresa de muchas maneras en las escuelas menonitas. Después de todo, la gama de contextos áulicos abarca desde la educación preescolar hasta los programas de posgrado, y los maestros varían en personalidad y estilo. Tales diferencias pueden honrarse y aun adoptarse. Sin embargo, una pedagogía moldeada en la tradición anabautista menonita por una teología de la encarnación debería reflejar un etos compartido y un conjunto particular de disposiciones o actitudes que le serán evidentes a aquel que visita cualquier aula o escuela menonita. Entre otras cosas, por ejemplo, todos los maestros de instituciones menonitas modelarán actitudes como la curiosidad, la alegría, la paciencia y el amor. Y esas actitudes se desplegarán dentro de un conjunto mayor de prácticas comunes, aquello que denomino "currículo invisible", que crea un entorno dentro del cual puede florecer la educación al estilo anabautista menonita.

3. Resultados que reflejan las características anabautistas menonitas

Por último, una filosofía de la educación desde una perspectiva anabautista menonita debería alentar a las escuelas a abrazar una identidad común en términos de los objetivos o resultados educativos. En las convicciones teológicas y las suposiciones pedagógicas de las escuelas menonitas se entreteje la sensación global del propósito y la dirección, identificados a menudo con la misión de la escuela. Aquí también podemos esperar encontrar variedad. Las declaraciones de misión de varias instituciones educativas menonitas reflejan una gama de énfasis, dependiendo de los entornos y contextos locales. Pero definir un conjunto global de resultados convenidos alienta a las escuelas menonitas a pensar con mayor intencionalidad en su teología y pedagogía, y a involucrarse con mayor confianza en el proyecto compartido de la educación cristiana. Este libro será audaz al identificar varios resultados ideales de la educación en escuelas menonitas, enmarcados en el contexto de una teología encarnacional y un conjunto de prácticas encarnadas.

Para resumir, este libro busca unir una *lógica* para la educación menonita (el *porqué* que inevitablemente plantea preguntas de teología) con las *prácticas* características que uno espera encontrar en todas las aulas menonitas (el *cómo* de la pedagogía). Juntas, la lógica y las prácticas le dan forma al *contenido* de la educación menonita (el *qué* de los resultados del aprendizaje).

Desafíos y limitaciones de este libro

Acepté con alegría la invitación a escribir este libro. Después de todo, mi esposa y yo fuimos profundamente moldeados por nuestras experiencias como alumnos de escuelas secundarias e universidades menonitas. Además, hace veinticinco años que enseño en una universidad menonita y nuestros cuatro hijos han vivido también la experiencia de asistir a una escuela secundaria y una universidad menonita. Estamos profundamente agradecidos por las maneras en que educadores menonitas han moldeado la vida de nuestra familia. Asimismo, acepté el desafío de escribir este libro porque estoy convencido de que los programas educativos menonitas saludables y vibrantes son esenciales para renovar el testimonio anabautista menonita en nuestras comunidades y en el mundo. Creo firmemente que la tradición anabautista menonita tiene un don particular que ofrecer al mundo dentro de los propósitos más amplios de Dios, y tengo muchas ganas de compartir los pensamientos y convicciones que he recogido en mi recorrido por esta tradición.

Sin embargo, también reconozco que los desafíos de escribir una filosofía de la educación desde una perspectiva anabautista menonita son abrumadores. Desde un espíritu de transparencia, tal vez ayude reconocer desde el comienzo varias limitaciones de este proyecto.

1. El amplio alcance de este libro tiene la intención de cubrir contextos educativos que van desde las escuelas de prejardín de infancia y las escuelas primarias y secundarias hasta las universidades y los seminarios. Cada una de estas escuelas surgió en un ambiente geográfico particular, incluyendo los contextos urbanos de Filadelfia y Pasadena; la zona rural agrícola de Ohio, Indiana, Iowa y Pensilvania; las llanuras de Kansas y Dakota del Sur; y más allá de Estados Unidos continental, hasta Canadá y la isla de Puerto Rico. Cada una de estas escuelas tiene su historia e identidad propias, junto a su estructura de autoridad, sus redes de apoyo y su lugar en la comunidad local. Algunas escuelas tienen la intención clara de preservar y promover las características anabautistas menonitas; otras sienten que sus lazos menonitas son un peso o hasta una vergüenza. Inevitablemente, este contexto institucional moldeará las suposiciones con las que los lectores se acercarán a los temas presentados en el libro, haciendo que algunos aspectos puedan parecer irrelevantes o hasta engañosos.

2. Detrás de estas diferencias en historia, organización de la autoridad y misión, yacen las realidades más profundas de la diversidad teológica que existe entre los menonitas. Dada dicha diversidad, resulta pretencioso para un autor hablar de parte de la iglesia o hacer de cuenta que la perspectiva teológica esbozada aquí es un punto de referencia fijo de la ortodoxia menonita. Mi objetivo es brindar un marco —con raíces en la narrativa bíblica, fiel a las características distintivas de la tradición anabautista menonita, e influido por una fe cristiana viva y dinámica—, pero no brindar la última

palabra ni la definitiva. Sin embargo, aunque es probable que las escuelas afiliadas a la Agencia Menonita de Educación no estén completamente de acuerdo en todos los aspectos de la fe y la práctica menonita, espero que puedan estar de acuerdo en que participar de una conversación moldeada por los contornos de la tradición anabautista menonita es posible y vale la pena.

3. Soy consciente de que la educación se desarrolla en muchos ámbitos diferentes: en nuestros hogares y congregaciones, en nuestras interacciones con vecinos de la comunidad, en nuestras relaciones profesionales y tal vez más profundamente en las largas horas que pasamos con la televisión, las películas, Internet y otros medios. Es fácil suponer que en un libro enfocado en la educación relacionada con la iglesia, la educación formal en un contexto áulico sea el contexto principal o quizás el único en el que se produce la educación cristiana. Sin embargo, sin lugar a dudas este no es el caso. Es cierto que los niños pasan más horas de vigilia en la escuela que en sus hogares. Sabemos que los maestros son a menudo modelos extremadamente importantes para los jóvenes. Los psicólogos infantiles coinciden en que los grupos de pares juegan un papel significativo en la formación de los valores de los adolescentes. Aun así, las escuelas no son la única variable al formar una identidad cristiana. Muchos cristianos jóvenes han llegado a ser cristianos maduros sin haber asistido jamás a una escuela vinculada a la iglesia. A la inversa, no todos los alumnos que asisten a una escuela menonita desarrollan un compromiso profundo o duradero con Cristo. De manera que aunque este libro se enfoca en la educación cristiana y busca argumentar convincentemente a favor de las escuelas anabautistas menonitas, no creo que sean el *único* camino que lleva a la fe madura, a iglesias fuertes o a testimonios vibrantes.

4. Por último, como el presente libro tiene la intención de llegar a un público amplio, algunas partes se conectarán más rápidamente con algunos lectores que con otros. Para aquellos

que ya están comprometidos con la educación menonita, espero que el libro no solo reitere lo obvio sino que abra un nuevo territorio con un enfoque y una lógica renovados. Confío en que los maestros, las juntas educativas y directores experimentados reconocerán los temas filosóficos y pedagógicos tratados aquí. Pero espero además que esos mismos temas ayuden a orientar a los maestros, miembros de juntas y directores nuevos en el campo al cual ingresan. De modo similar, los temas teológicos esbozados en el libro probablemente les resulten familiares a los miembros de la iglesia menonita convencidos desde hace mucho tiempo, pero confío en que las ideas serán accesibles también para los recién llegados a esta iglesia.

Más que nada, espero que mi descripción de la pedagogía cristiana desde una perspectiva anabautista menonita les interese a todos aquellos a quienes les importa sostener y renovar las prácticas y convicciones de fe que han sustentado a la familia de fe anabautista menonita durante casi cinco siglos, ya sean personas que han apoyado la educación menonita durante mucho tiempo o escépticos y críticos de las escuelas de nuestra iglesia.

Un resumen de lo que sigue

El esquema del libro es bastante simple. El capítulo 1 esboza la historia de la educación dentro de la tradición occidental. Detalla el surgimiento de las escuelas menonitas en Norteamérica en el transcurso del siglo 20 y la transformación más reciente en la educación menonita: el giro de su enfoque principal en los hijos de familias menonitas para abrirse intencionalmente a un alumnado más diverso. En capítulos posteriores se describen las consecuencias de este cambio para el futuro de la educación menonita, particularmente en términos de la identidad teológica, los abordajes pedagógicos y los resultados que se anticipan.

El capítulo 2 desarrolla un fundamento teológico para la educación cristiana, enfocándose principalmente en la encarnación. En la tradición anabautista menonita, ser cristiano tiene menos que ver con las creencias abstractas o las declaraciones doctrinales que con las relaciones que surgen a raíz del convencimiento de que Dios se revela con mayor plenitud a los seres humanos en la vida, las enseñanzas, la muerte y la resurrección de Jesucristo. En Jesús vemos a Dios; es el Verbo hecho carne. Ser seguidor de Jesús no es simplemente una realidad personal ("tener a Jesús en mi corazón"). También es un compromiso de participar junto a otros cristianos en la posibilidad radical de que el reino de Cristo realmente venga a "la tierra como en el cielo" (Mt 6.10). El resto del libro es una reflexión extensa sobre lo que puede significar una teología encarnacional en el contexto educativo.

El capítulo 3 describe los temas generales de una pedagogía anabautista menonita. Miramos en primer lugar el "currículo invisible" o etos de la escuela y luego las prácticas que podemos esperar encontrar en maestros comprometidos con ver la presencia de Dios en la creación y dar testimonio de la revelación permanente de Dios al mundo. Una pedagogía anabautista menonita estará atenta a las prácticas que apuntan a las intenciones que Dios tiene para la humanidad en cuanto a nuestra relación con Dios, con la creación y entre nosotros.

El capítulo 4 trata la cuestión de los objetivos o los resultados, un tema familiar para los educadores. ¿Cuál es el *telos* o "fin" hacia el cual debería conducirse la educación en un contexto anabautista menonita? ¿Qué expectativas sobre el trabajo comparten maestros y directores, por las cuales están dispuestos a rendir cuentas? En resumen, ¿cuál es el valor agregado que padres y congregaciones suponen legítimamente que es parte de una educación en una escuela menonita?

Está claro que no todos estarán de acuerdo con las ideas propuestas en estos capítulos. Pero así es como debe ser: el debate vigoroso reaviva y renueva a las escuelas saludables. El capítulo 5 alienta dicha conversación al identificar algunas preguntas difíciles que surgen en conversaciones sobre la educación menonita y ofrece una respuesta breve pero sincera. Las preguntas identificadas aquí no son exhaustivas y para algunos lectores, las respuestas pueden ser demasiado breves o incluso incorrectas. Sin embargo, mi objetivo con el capítulo 5 es alentar un espíritu de apertura y transparencia: ninguna pregunta relacionada con la educación menonita debe prohibirse, aun si a usted no le convencen plenamente las respuestas que aquí se ofrecen.

Concluyo con un breve capítulo final para reorientar el debate sobre la educación menonita más allá del pasado y el presente, hacia el futuro. El campo de la educación es notoriamente susceptible a los modelos, paradigmas, estrategias y técnicas relucientemente nuevos. Al mismo tiempo, las instituciones educativas, en especial las universidades, son igualmente notorias por su resistencia al cambio. De manera que el capítulo 6, un ejercicio de apertura al pensamiento escatológico, imagina un futuro alternativo moldeado por una agudizada percepción de la capacidad del Espíritu de "hacer nuevas todas las cosas" (Ap 21.5). ¿Cómo podrán los educadores menonitas tener una visión clara de las realidades actuales aun viviendo con anticipación las expresiones del reino venidero de Dios?

Prueben y vean

Un domingo por la mañana, en una clase de escuela dominical que enseño hace muchos años, un joven que pronto se graduaría de la universidad reflexionaba sobre un momento similar de su vida unos cuatro o cinco años antes. Durante su último semestre de la escuela secundaria, un profesor querido de la escuela menonita a la cual asistía les anunció a sus alumnos un cambio en la rutina habitual. En lugar de encontrarse en el aula, hizo que sus alumnos se abrigaran para salir al clima invernal y caminar por la nieve hasta llegar a un cementerio cercano. Durante una hora, el profesor los guio en un recorrido por el cementerio, parando en varias lápidas para ofrecerles algunos recuerdos: una historia, una breve biografía, un testimonio de varios miembros difuntos de la comunidad que habían sido parte de la escuela y habían moldeado su vida. "Estas son las personas que me ayudaron a formarme como ser humano: como hermano, padre, maestro, cristiano", dijo el profesor de edad avanzada. "Ellos nos han dejado su legado a mí y a esta escuela. Ahora es momento de pasarles ese legado a ustedes".

Después, en la desolada belleza del frío cementerio, se dirigió a sus alumnos, todos ansiosos por comenzar la nueva etapa de sus vidas, y les preguntó: "¿Cuál será su llamado? ¿Qué harán ustedes con los dones que les han sido confiados? ¿Cuál será su legado?".

Mientras el joven le relataba su recuerdo al grupo ese domingo, anticipando su inminente graduación de la universidad y el comienzo de otro capítulo en su vida, rompió en llanto.

¿Cuál es la medida apropiada de una educación? ¿Qué es lo que *realmente* importa? ¿Qué significa encontrarse con Dios y que ese encuentro lo transforme a uno? Los salmistas luchan con esa pregunta en casi todos los versículos de ese libro maravilloso. Ciertamente, en todo el libro de Salmos podemos vislumbrar el mundo interior de la lucha de un alumno que busca claridad en el aula de la vida. Para los autores de los Salmos, Dios nunca es algo abstracto —una lista de creencias, un conjunto de doctrinas o un compilado de declaraciones de verdades. En lugar de ello, Dios siempre se encuentra en el misterio dinámico de las relaciones. Y aquellas relaciones incluyen en potencia a *toda* la creación: las rocas, las praderas, las montañas, el trueno, la lluvia. El Dios de los salmistas, al mismo tiempo que inspira asombro y temor, es compasivo; al mismo tiempo es un poderoso guerrero y un buen pastor; creador de los cielos y la tierra, y a la vez es aquel que nos formó en el vientre de nuestra madre y nos conocía antes de nacer.

El día en que acepté escribir este libro, la lectura diaria incluía este conocido pasaje del Salmo 34:

Prueben y vean que el Señor es bueno;
  dichosos los que en él se refugian.
Teman al Señor, ustedes sus santos,
  pues nada les falta a los que le temen.
Los leoncillos se debilitan y tienen hambre,
  pero a los que buscan al Señor nada les falta.
Vengan, hijos míos, y escúchenme,
  que voy a enseñarles el temor del Señor.
El que quiera amar la vida
  y gozar de días felices,
que refrene su lengua de hablar el mal
  y sus labios de proferir engaños;
que se aparte del mal y haga el bien;
  que busque la paz y la siga.
    —Salmo 34.8-14

Las palabras del salmista en estas reflexiones simples y a la vez maravillosamente complejas me han inspirado en los meses que siguieron. Pienso que este mismo pasaje pudo haber infundido la perspectiva pedagógica del profesor que guio a sus alumnos por el cementerio aquel día invernal. Este salmista sugiere que en el corazón de la educación cristiana está "el temor del Señor" (v. 11). Este no es el temor encogido de una víctima, sino la postura de adoración alegre que reconoce nuestro justo lugar como criaturas en un mundo que Dios creó y sostiene hasta el día de hoy. La frase "temor del Señor" sugiere además que somos conscientes de nuestra mortalidad, que vivimos nuestra vida dentro del horizonte de la eternidad. Aquellos que han aprendido el "temor del Señor", continúa el salmista, estarán atentos a su discurso ("que refrene su lengua de hablar el mal y sus labios de proferir engaños") y se comprometen con la reconciliación en las relaciones con otros ("que se aparte del mal y haga el bien; que busque la paz y la siga"). Aquellos que se refugian en el Señor se contarán como "santos" y "nada les falta".

Sin embargo, todo esto comienza con un encuentro con Dios con profundas raíces en nuestros sentidos físicos y en la bondad de la creación misma. "Prueben y vean", dice el salmista. "Prueben y vean que el Señor es bueno".

Al fin y al cabo, este libro no es tanto una argumentación sobre una filosofía de la educación desde una perspectiva anabautista menonita, sino una invitación a encontrar a Dios en el don del "Verbo hecho carne" (Jn 1.14). Reflexionemos juntos sobre cómo podemos ofrecerles a otros el legado que se nos ha confiado.

¡Prueben y vean que el Señor es bueno!

1

El contexto de la educación menonita en Norteamérica

Casi podría decirse que la escuela menonita de Greenwood, Delaware, se fundó por accidente. Durante más de un siglo, familias menonitas se habían estado trasladando a la zona del río Casselman en la parte occidental de Maryland, atraídas por la tierra fértil para la actividad agrícola y el fácil acceso a los mercados. En los primeros años del siglo 20, un grupo de colonos fue hacia el este y comenzó a comprar granjas sobre la frontera de Delaware. En 1914 se organizaron oficialmente como Iglesia Menonita de Greenwood. Si bien su forma de vestir, su idioma y su estilo de adoración los separaban del resto de la comunidad, los menonitas de Greenwood vivían en armonía con sus vecinos luteranos, reformados y católicos. Sus hijos estudiaban y jugaban juntos en las escuelas públicas, y los menonitas interactuaban con sus vecinos en sus actividades agrícolas y negocios.

Sin embargo, en los difíciles años posteriores al final de la Primera Guerra Mundial, muchos estadounidenses comenzaron a expresar nuevas inquietudes acerca del rol de la nación en el mundo. Debido a las preocupaciones surgidas por el creciente número de inmigrantes y los debates sobre la identidad nacional y el rol de la Liga de las Naciones, algunos grupos promovían una mayor toma de conciencia pública sobre el juramento de lealtad nacional. Algunos insistían incluso en que el juramento se estableciera como práctica diaria en las escuelas públicas nacionales como una forma de inculcar las virtudes de la ciudadanía y profundizar un sentido de orgullo nacional. El 5 de abril de 1925, la legislatura del estado de Delaware introdujo una ley que ordenaba exhibir la bandera estadounidense en todas las aulas. La ley exigía además que todos los niños en edad escolar "saludaran y juraran lealtad" a la bandera todas las mañanas.[5]

Aunque algunas familias de la comunidad menonita de Greenwood eran indiferentes a la idea de que sus hijos juraran lealtad, otras tenían serias reservas al respecto. Para ellas, el juramento era un ritual formativo, peligrosamente cercano a un acto de idolatría, y tenía la clara intención de inculcar un espíritu de nacionalismo en sus hijos. Los recuerdos de aquella guerra mundial aún estaban frescos en la mente, por lo que el juramento de lealtad a la nación implicaba estar dispuestos a tomar las armas para defender al país, una clara violación al compromiso menonita con la no resistencia y su convicción de que la fidelidad a Cristo debía anteponerse al llamado de la nación.

Luego de un frenesí de conversaciones con líderes denominacionales, políticos estatales y representantes de la junta educativa local, la congregación menonita de Greenwood decidió que sus hijos no participaran del ritual cotidiano. Por varios años, los maestros no protestaron mientras los niños menonitas permanecían sentados durante el juramento a la lealtad. Sin embargo, a comienzos de 1928, un miembro de la junta educativa presentó una enérgica protesta pública ante el superintendente estatal de instrucción pública. Insistía en que abstenerse del juramento era una clara violación a la ley. Como resultado, el superintendente exigió que el director reforzara el cumplimiento de la ley y amenazó con iniciar acciones legales si los alumnos menonitas se negaban a obedecer.

Más de ochenta años después, David Yoder, que entonces era un alumno de cuarto grado de *Greenwood Elementary*, pudo recordar vívidamente lo que sucedió a partir de este hecho: "La directora, la Srta. Gibson, llevó a todos los alumnos menonitas al sótano y nos dijo que juráramos lealtad. Recuerdo que lloré, pero aun así no hicimos el juramento. De modo que nos envió a nuestras casas y nos dijo que regresáramos cuando estuviéramos dispuestos a participar".[6]

Así nació *Greenwood Mennonite School*. Sin mucha planificación ni algarabía, la congregación menonita local creó sin más una escuela alternativa. Al comienzo, los niños se juntaban en el lugar de reunión de la iglesia, donde se sentaban en los bancos y recibían instrucción del pastor, Nevin Bender. El otoño siguiente hubo cerca de treinta alumnos inscriptos y la escuela se organizó de manera más formal, agregando manuales para cada grado, un pizarrón y pupitres. Las familias aunaron sus esfuerzos y en 1932 lograron reunir los recursos suficientes para construir un edificio para la escuela.

La escuela de Greenwood no fue la primera vez que los menonitas se aventuraron al mundo de la educación relacionada con la iglesia. Como muchos otros grupos religiosos que se establecieron en la Pensilvania colonial, a menudo los menonitas enviaban a sus hijos a pequeñas escuelas que funcionaban fuera de sus lugares de reunión o en pequeñas infraestructuras construidas por la congregación. Christopher Dock (*ca.* 1698–1771), un maestro menonita de Skippack ampliamente reconocido como uno de los primeros teóricos de la educación de su tiempo, enseñó en una de estas escuelas. Luego de la aprobación de la ley de la Escuela Gratuita en 1834, los menonitas de Pensilvania se ajustaron a los nuevos lineamientos estatales que establecían la escuela pública obligatoria y enviaron a sus hijos a las flamantes escuelas públicas rurales. En el nuevo contexto, continuaron con su participación activa como maestros y directores.[7]

En 1868, la Iglesia Menonita de la Conferencia General creó un seminario en Wadsworth, Ohio, que no perduró. Durante las próximas décadas, los menonitas del resto de Estados Unidos fundaron seis universidades o academias. Sin embargo, la fundación de *Greenwood Mennonite School* en 1928 marcó el comienzo de un frenesí de nuevo interés en la educación relacionada con la iglesia. En los próximos veinticinco años, aparecieron numerosos artículos sobre educación cristiana en los periódicos denominacionales. Al comenzar el siglo 21, los grupos afiliados a la Iglesia Menonita de la Conferencia General y la Iglesia Menonita ya habían creado más de cuarenta escuelas, abarcando todo el espectro educativo, desde la primera infancia hasta el seminario.

Sin embargo, a la vez, los menonitas estaban lejos de estar totalmente de acuerdo en su entusiasmo por las alternativas a la educación pública basadas en la iglesia. Como la mayoría de los estadounidenses, muchos menonitas consideraban que la educación pública financiada por el estado era una obviedad, como los servicios públicos o el mantenimiento de las carreteras. El hogar y la congregación eran los ambientes apropiados para la instrucción religiosa; suponían que los miembros contribuyentes de una sociedad pluralista debían financiar la escuela pública. Se argumentaba que después de todo, las democracias modernas sólo pueden sobrevivir si el electorado está alfabetizado y sólo si todos los ciudadanos tienen igual acceso a la educación más allá de su condición económica, raza o religión. Muchos miembros de congregaciones anabautistas menonitas consideraban que estos argumentos eran evidentes. No encontraban una buena razón para crear una alternativa religiosa al sistema de escuela pública.

Sin embargo, en la amplia tradición occidental, la innovación más reciente es en realidad la educación pública financiada por el Estado. Durante la mayor parte de la historia occidental, la educación, entendida correctamente, era prerrogativa de la iglesia. La historia de cómo el Estado llegó a reclamar la responsabilidad por la educación pública —logrando quitarla del control de la iglesia— sugiere que el impulso menonita del siglo 20 de retornar a la educación basada en la iglesia tiene un precedente histórico profundo en las escuelas judías de la tora de los tiempos del Antiguo Testamento.

Comprender este contexto le otorga una perspectiva mucho más amplia al debate actual sobre la educación relacionada con la iglesia.

La transformación de la educación pública en el Occidente moderno

La transformación de la educación formal en Occidente, desde una institución controlada por la iglesia —estructurada en torno al estudio de la teología e imbuida en la certeza de que todo conocimiento verdadero revelaba la presencia de Dios en la creación— hasta convertirse en el modelo secular de educación pública que conocemos hoy en día, es una historia compleja, mucho más que lo que este simple resumen puede sugerir. Sin embargo, a grandes rasgos, esta transformación puede describirse en términos de cinco cambios principales relacionados entre sí que establecen el contexto para el surgimiento y florecimiento de las escuelas menonitas en Norteamérica durante el transcurso del siglo 20.

Del control de la iglesia al control del Estado: la secularización de la educación

Uno de los primeros pasos en el nacimiento de la educación pública moderna fue un cambio fundamental en el control de las instituciones educativas, que pasó de la iglesia al Estado, y en forma paralela, un cambio en la teología como punto central de la educación para convertirse en un área de estudio más entre otras dentro del currículo. Esa transformación fue lenta e irregular, pero sus consecuencias han sido dramáticas, especialmente en ambientes universitarios.

Lo que concebimos hoy en día como universidades modernas son la herencia de una tradición mucho más larga con raíces en las escuelas monásticas y las catedrales católicas de la Edad Media. Luego del colapso del imperio romano en los siglos 4 y 5, comenzaron a surgir nuevos centros de conocimiento dentro de la iglesia católica, con escuelas fundadas por obispos locales, asociados generalmente a sus catedrales, que educaron a los futuros clérigos en habilidades básicas de lectoescritura. Gradualmente fue surgiendo un currículo formal organizado en torno a siete *artes liberales* que constituyó la base para muchas de las disciplinas universitarias que aún son comunes en la actualidad.

Con el paso del tiempo, algunas de estas escuelas comenzaron a aceptar a niños de la aristocracia pudiente. Luego, muchos de los alumnos de las universidades medievales se capacitaron en carreras seculares como oficiales de la corte, abogados o burócratas civiles. Sin embargo, el currículo de las escuelas medievales era de naturaleza abrumadoramente religiosa. La teología era claramente la "reina de las ciencias" y *todo* conocimiento —matemática, música, retórica y gramática— se entendía como expresión de la revelación de Dios. En este sentido, no había una diferencia significativa entre la educación secular y la religiosa. Se comprendía que la educación estaba siempre al servicio de la fe y era un acto de adoración a Dios. "El amor al conocimiento y deseo de Dios" fueron las famosas palabras del teólogo italiano Tomás Aquino. Aquino murió en 1274, cuando aún estaba trabajando en su *Suma teológica*, un amplio compendio de conocimiento que señala la interrelación de toda la creación, desde los elementos básicos inanimados de la tierra, a través de los seres humanos y los ángeles, hasta llegar al Creador. En la tradición católica, ese estudio de la naturaleza estaba intrínsecamente fusionado con la revelación de Dios. La razón, aplicada correctamente, siempre guiaría al fiel que pregunta hacia la comprensión más profunda de la presencia de Dios en el mundo creado.

No obstante, con el Renacimiento y la reforma protestante, esta fusión entre fe y conocimiento comenzó a deshilvanarse lentamente. Los pensadores renacentistas empezaron a describir el mundo en términos cuantificables y mensurables, prestándoles especial atención a los principios comprobables de causa y efecto como explicaciones de los fenómenos naturales.

El reformador Martín Lutero insistió en una diferenciación absoluta entre el mundo interior de la vida cristiana (donde el don de la gracia de Dios se concedía gratuitamente) y el mundo exterior de los rituales, las prácticas y los actos (que él asociaba con "la justicia de las obras"). Aunque ni los humanistas renacentistas ni los reformadores protestantes hayan tenido la intención de que estas diferencias llevaran a la severa división entre lo sagrado y lo secular, su pensamiento alentó una tendencia mayor hacia la separación del mundo de la *fe* (concebido como subjetivo, privado y más allá del alcance de la razón) y el mundo de la *ciencia* (concebido como objetivo, público y racional).

A medida que los modernos Estados-nación obtenían cada vez más autoridad sobre la iglesia, los compromisos en conflicto con la ortodoxia religiosa, especialmente en las llamadas guerras de religión del siglo 17, parecían ser fuente de interminable violencia y desorden social. Con el tiempo, en lo que hoy llamamos el mundo "moderno", la razón científica —que declaraba trascender la religión, la superstición y la ignorancia— se convirtió en moneda corriente. Se suponía que el nuevo Estado secular debía ser religiosamente neutral. Debía tolerar todas las religiones con la condición de que los creyentes mantuvieran sus creencias religiosas fuera del ámbito público y se abstuvieran de imponérselas a los demás, dado que el Estado las consideraba un asunto personal, privado y subjetivo.

El siglo 19 fue testigo del surgimiento de un modelo alemán de la universidad de investigación, en la cual los eruditos afirmaban una diferenciación fundamental entre los *hechos* —que podían medirse, comprobarse y verificarse independientemente— y los *valores*, que eran creencias subjetivas y condicionadas por la cultura, y que no podían comprobarse mediante la experimentación ni demostrarse con pruebas. En lugar de la teología, que alguna vez había impregnado todas las áreas de la universidad medieval, surgieron nuevos campos de estudio —las denominadas *ciencias sociales*— que prometían acercar la lógica racional y los métodos empíricos de las ciencias al estudio del comportamiento humano. De este modo se creó todo un grupo de disciplinas nuevas como la psicología (el estudio científico de la mente), la sociología (el estudio científico de las sociedades), la antropología (el estudio científico de la cultura), la economía (el estudio científico del mercado) y las ciencias políticas (el estudio científico de la política). La teología misma fue reemplazada por una nueva disciplina de ciencias religiosas, que prometía un abordaje objetivo, neutral y libre de valores al estudio de todas las religiones del mundo sin favorecer al cristianismo.

En este nuevo orden educativo, las convicciones religiosas se consideraban asuntos privados, apropiados para la devoción personal o el culto dominical, pero no el foco de un estudio académico serio. De allí que cada denominación creó instituciones educativas paralelas con financiamiento privado, los seminarios, en los cuales tenían libertad para capacitar a ministros que promovieran sus ortodoxias doctrinales del modo que quisieran.

La mayoría de los estadounidenses de hoy en día concuerdan con el principio de la separación entre iglesia y Estado, y probablemente ratificarían el rol dominante del Estado en la educación pública. Sin embargo, al mismo tiempo, aún persisten las dudas en nuestra cultura respecto al lugar que debe ocupar la religión en los asuntos públicos. Por ejemplo, ya no se celebran los días de diversos santos medievales, antes recordados públicamente por todos los cristianos católicos, pero los estadounidenses aún carecen de claridad respecto a renunciar a otros feriados religiosos como Navidad y Pascua (cuya observancia aparece en los calendarios públicos escolares). Si bien pocos defenderían una religión apoyada por el Estado, muchos estadounidenses aún se sienten profundamente perturbados al momento de decidir si es apropiado orar antes de las ceremonias de graduación, o si las escuelas deberían incluir el creacionismo en las clases de ciencias, o canciones de

Navidad en sus presentaciones musicales, o si considerar entre los clubes institucionales al grupo de estudio bíblico.

En general, las cortes estadounidenses han dictaminado a favor del carácter secular de las escuelas públicas. Debido a que una sociedad libre y democrática se compromete con la igualdad ante la ley, nuestras escuelas públicas deben, en principio, recibir de igual manera a budistas, musulmanes, bahaíes, judíos, alumnos que no posean fe alguna y cristianos. Sin embargo, muchos cristianos aún se fastidian con estas restricciones, deseando internamente que el Estado ofreciera más apoyo visible a sus convicciones religiosas, especialmente en la educación púbica.

Más allá de la opinión que usted tenga sobre estos temas, es clara la transformación que se produce a largo plazo. Aunque en cierto momento la educación fue considerada tarea de la iglesia, siendo la teología la "reina de las ciencias", en la actualidad, dicho rol ha sido reclamado por el Estado, que preside un currículo explícitamente secular.

La democratización del acceso a la educación

En relación cercana con la secularización de la educación, se dio un cambio paralelo en el acceso a la educación. Durante la mayor parte de la historia humana, la gran mayoría de las personas han pasado prácticamente todo su tiempo de vigilia en actividades agrícolas, luchando en cada estación del año por cultivar suficiente alimento para abastecerse y separando un poco de semillas de maíz para sembrar al año siguiente. La idea de retirar a los jóvenes de dichas tareas, precisamente en el momento en que se encontraban en mejores condiciones para contribuir a la economía familiar, era un lujo impensable. Por lo tanto, hasta hace relativamente poco tiempo, la instrucción formal en el aula dentro de la tradición occidental se restringía a la élite política o religiosa. Los jóvenes de Atenas que se reunían para conversar con Sócrates y Platón eran, por lo general, hijos de familias pudientes, con mucho tiempo libre para debatir y filosofar. Los primeros alumnos de las escuelas monásticas y catedralicias y de las primeras universidades de Europa provenían todos de las clases privilegiadas y se capacitaban para ocupar cargos de autoridad eclesial o política.

Todo esto cambió de forma bastante dramática después de las revoluciones políticas del siglo 18 en Francia y Estados Unidos. Con el nacimiento de las democracias modernas llegó el nuevo fenómeno de la educación *masiva*. La lógica argumentaba que si los gobiernos democráticos eran verdaderamente cosa "del pueblo", debía educarse a la ciudadanía de la nación en las humanidades o *artes liberales*, es decir, las artes que son necesarias para que un pueblo libre (del latín *liber*) se gobierne a sí mismo. Autogobernarse de modo responsable requiere capacitación en lectoescritura, aritmética, perspectivas históricas y pensamiento crítico. Así surgió la tradición moderna de la educación con financiamiento público accesible a todos los integrantes de la sociedad, más allá de su condición social o medios económicos.

Este nuevo modelo de educación no solo debía ser accesible a todos, sino que era *obligatorio*. Desde entonces, por primera vez, los legisladores aprobaron leyes que ordenaban que todos los niños asistieran a la escuela, al menos hasta el octavo grado, y se nombraron inspectores de ausentismo para hacer cumplir dichas leyes. Los padres que no enviaban a sus hijos a la escuela se enfrentaban a posibles acciones legales por parte del Estado, en algunos casos multas y prisión.

En Estados Unidos, este mismo impulso de democratización se extendió más allá de la primaria y la secundaria para incluir a la universidad. Durante el siglo 20, la creación de universidades en terrenos cedidos, universidades comunitarias y estatales ha hecho posible y económicamente accesible la educación avanzada para prácticamente todos los integrantes de la sociedad. En la actualidad, casi el 70 por ciento de todos los graduados de la secundaria se inscriben en la universidad el otoño siguiente. En 2010 se inscribieron aproximadamente

19,1 millones de alumnos en universidades públicas de Estados Unidos y 4,6 millones estudiaron en instituciones privadas. El siglo 20 también fue testigo de un drástico incremento en el número de mujeres que recibieron educación superior, de tal modo que en la actualidad casi el 60 por ciento de los estudiantes universitarios son mujeres. Dicho esto, se estima que en Estados Unidos un 41 por ciento de los jóvenes entre 18 y 24 años están inscriptos en la universidad.[8]

Ciudadanía y comportamiento: educación de la identidad nacional

Uno podría preguntar: ¿por qué un Estado habría de obligar a todos sus ciudadanos a asistir a la escuela? Una razón que ya hemos señalado es asegurar que todos los ciudadanos aprendan las habilidades básicas necesarias para autogobernarse. En las democracias modernas, una preocupación más profunda es que a todos los ciudadanos los una el compromiso común con la nación y sus ideales. La educación universal y obligatoria es la mejor manera de lograr ese objetivo. A medida que el Estado moderno ejercía mayor control sobre la educación pública, fue inevitable que tanto la organización de las instituciones como el contenido de su currículo reflejaran las necesidades e intereses cambiantes del Estado.

En forma análoga al papel de la teología en las universidades medievales, en el núcleo del currículo de la educación financiada por el Estado existe un objetivo unificador: educar a los jóvenes en los valores y suposiciones más profundos de la nación, lo que podría llamarse la religión moderna de la ciudadanía. La teología ya no es el pegamento que mantiene unida a la sociedad. Las democracias modernas actuales se unen por el patriotismo común en todos sus ciudadanos. En el siglo 20, la mayoría de las personas —aunque no todas— ven las guerras religiosas del siglo 17 como una forma repulsiva e ignorante de fanatismo religioso. Sin embargo, al mismo tiempo, a la mayoría de los estadounidenses nos les parece extraño que el Estado les pida que maten para defender convicciones políticas o compromisos ideológicos.

En el mundo moderno, las escuelas públicas son el ámbito donde se entrena a los niños en las historias, ideales, virtudes y heroísmo de la nación, asegurando así que la identidad nacional se transmita intacta de una generación a otra. En las escuelas, a los jóvenes les inculcan los principios de ciudadanía mediante rituales como el juramento de lealtad, cantar el himno nacional, colocar la bandera en las aulas, realizar actos públicos en honor a los héroes de guerra y conmemorar las fiestas patrias, todas ellas actividades razonables llevadas a cabo en escuelas públicas para la capacitación básica en las virtudes de la democracia, el patriotismo y la ciudadanía.

Algunos lectores podrían sentirse incómodos con esta caracterización de la escuela pública: el objetivo principal de las escuelas, podrían argumentar, es ayudar a los niños a alfabetizarse, no entrenarlos para que se conviertan en guerreros. Es un argumento justo. Mi planteo no es sugerir que la educación pública es mala o que está consagrada exclusivamente a la causa del nacionalismo. Pero también deberíamos ser absolutamente claros en que la educación financiada por el Estado *no es neutral en sus valores*. En última instancia, un Estado-nación sobrevive por la voluntad de sus ciudadanos de matar y morir en su defensa, y las escuelas públicas son el ámbito principal donde los jóvenes aprenden los valores de la ciudadanía.

La profesionalización de la educación

Al comienzo del siglo 20, la forma más común de educación primaria eran las escuelas de campo de una o dos aulas, diseminadas por el paisaje rural de Estados Unidos y gobernadas por una junta educativa elegida por los pobladores. Los maestros de estas escuelas contaban con una preparación mínima. Sus salarios eran muy bajos, la tasa de renovación era alta y el nivel educativo variaba de una escuela a otra.

Gran parte de esta realidad cambió en la primera mitad

del siglo 20. Gracias a una creciente base impositiva y nuevos mandatos legislativos, los condados y municipalidades locales de toda la nación comenzaron a cerrar las escuelas pequeñas para conformar escuelas regionales más grandes con instalaciones deslumbrantes, un currículo ampliado, un nuevo enfoque en los deportes y la promesa de una educación orientada al futuro más que al pasado.

Estas reformas fueron acompañadas por otras innovaciones que elevaron el rigor científico y el nivel profesional del campo educativo. Por ejemplo, muchas legislaciones estatales promulgaron nuevos requisitos para la capacitación y la certificación de los maestros. Surgieron organizaciones acreditadoras para unificar el nivel de diversos programas de estudio. Surgió una próspera industria de consultoras educativas, cada una de las cuales promovía una pedagogía innovadora para la lectura o la matemática y desbordaba de ganas de vender grandes cantidades de libros de textos para acompañar su sistema. Las universidades comenzaron a ofrecer diplomas en teoría educativa y administración escolar. Los maestros se organizaron en sindicatos, creando una poderosa fuerza política para promover sus intereses profesionales a través de la negociación de convenios.

Durante la primera mitad del siglo 20, todas estas iniciativas y muchas otras fueron parte de un movimiento mayor hacia el manejo científico de la sociedad. La fascinación actual con las evaluaciones estandarizadas, los nuevos sistemas de ejecución manejados por tecnología avanzada y las diversas propuestas para salvar a las "escuelas que fallan" son sólo las expresiones más recientes de una larga serie de intentos por legitimar el campo de la educación como una verdadera disciplina académica, sujeta a las mismas metodologías de investigación y niveles profesionales que cualquier otra ciencia social.

Expansión del mandato
Finalmente, junto a la creciente especialización y profesionalización de la educación pública estadounidense, ha habido una

expansión constante del alcance de su mandato. Aunque los objetivos básicos de las escuelas rurales eran bastante específicos —promover la lectoescritura y la aritmética—, en la actualidad esperamos que el sistema de la educación pública cumpla una serie de funciones que van mucho más allá de la educación, definida de forma estrecha. Con el aumento del número de hogares en los que ambos padres trabajan, junto al creciente promedio de horas que pasan frente al televisor, los jóvenes en edad escolar están leyendo mucho menos en su casa que antes. Mientras que las escuelas proveen instrucción básica para la lectura, la lectura por placer en el hogar está casi ausente. Para citar otro ejemplo, los maestros de primer y segundo grado informan que deben dedicar más horas áulicas a la instrucción en habilidades relacionales básicas: enseñar a decir "por favor" y "gracias" y practicar la disciplina de esperar el turno o responder con empatía al dolor de otros.

Mientras tanto, los consejeros estudiantiles luchan por seguir al tanto de la creciente variedad de necesidades psicológicas, el aumento de incidencias del trastorno por déficit de atención e hiperactividad (TDAH) y las agudizadas preocupaciones por el *bullying* o la violencia escolar. Las enfermeras escolares se sienten superadas a menudo por el desafío de recordar todos los medicamentos que los niños toman, además de atender sus necesidades básicas de salud. Ha surgido todo un abanico de especialistas para atender los desafíos particulares de los niños con necesidades físicas, mentales o emocionales especiales. Los maestros especiales, supervisores pedagógicos y expertos en enseñanza de inglés a hijos de inmigrantes recién llegados son parte habitual del personal de la mayoría de las escuelas primarias.

Muchas de estas nuevas funciones de las escuelas públicas surgieron sin demasiado debate público. Consideradas en la actualidad elementos esenciales de la vida de una escuela pública, también generan nuevas inquietudes en cuanto a qué esperamos exactamente del sistema educativo.

* * *

Aunque esta breve reseña histórica es demasiado simple, resalta los aspectos de la educación pública moderna que muchos estadounidenses suponen que son inevitables o simplemente parte del orden natural de las cosas. La educación pública moderna, manejada correctamente por el Estado, es una empresa secular. No solo es accesible a todos, sino además obligatoria. Más allá de las nociones básicas de lectoescritura y aritmética, la educación pública inculca las virtudes del patriotismo. Su cultura refleja la organización científica y profesional de otras disciplinas académicas. Su alcance es sumamente amplio, de manera que ahora incluye además una amplia gama de servicios sociales básicos antes considerados responsabilidad de la familia y la comunidad local.

Todo el desarrollo de la educación expuesto hasta aquí es relevante para comprender el surgimiento de las alternativas a la educación pública que propusieron los menonitas durante el transcurso del siglo 20. De esta historia nos ocuparemos a continuación.

Alternativas a la educación pública

Los orígenes de la educación menonita en Norteamérica
Aún cuando la educación pública se estaba arraigando profundamente como algo dado de la vida moderna, con amplias implicancias para casi todos los aspectos de la sociedad estadounidense, siempre han existido opciones educativas alternativas paralelas a la tendencia dominante. Por ejemplo, las escuelas preparatorias privadas, derivadas de la tradición de la aristocracia europea más antigua, proveyeron a los hijos de familias pudientes el contexto útil de socialización con sus pares de la clase alta, además de asegurar su acceso a posibilidades laborales privilegiadas o la inscripción en las universidades más selectas de la nación. De manera similar, las familias que

deseaban exponer a sus hijos a la disciplina relacionada con el entrenamiento militar o que esperaban insertarlos en una carrera en las fuerzas armadas han tenido desde hace mucho tiempo la posibilidad de enviar a sus hijos a las escuelas militares.

Sin embargo, las alternativas más firmes a la educación pública siempre se encontraron en las comunidades religiosas, especialmente entre los grupos que tienen una identidad teológica, cultural o étnica particular que esperan transmitir a la próxima generación. En Estados Unidos, por ejemplo, la fe judía y la católica han provisto opciones educativas para sus jóvenes desde hace mucho tiempo, ofreciendo capacitación explícita en el idioma, los textos, la teología y los rituales de su tradición religiosa. Durante el siglo 20, la tradición de la reforma también ha promovido de manera agresiva alternativas a la educación pública relacionadas con la iglesia. En años más recientes, los grupos cristianos conservadores han creado cientos de escuelas privadas y asociaciones para la escuela en el hogar, habitualmente no denominacionales en un sentido formal, pero claramente unidos por el compromiso de inculcar una serie específica de convicciones doctrinales y una perspectiva infundida por la fe en todas las áreas de estudio.

Como grupo, los menonitas son bastante novatos en el debate sobre la educación basada en la iglesia. Esto se justifica en parte con una larga historia de escepticismo hacia la educación formal en general. Durante los primeros años de la reforma, muchos líderes anabautistas eran eruditos universitarios que manejaban con fluidez el latín, el griego y hasta el hebreo. Cuanto más se involucraban en debates con teólogos católicos y reformadores protestantes, más sospechaban de la relación entre la educación universitaria y la fidelidad cristiana —específicamente, de la brecha aparente entre la teoría y la práctica. Pensaban que eran precisamente los doctores instruidos de la iglesia (*Schriftgelehrten*, en alemán) quienes recurrían a argumentos innecesariamente complicados y sofisticados para eludir las enseñanzas simples de Jesús.

Cuando esta primera generación de líderes anabautistas universitarios desapareció de la escena, muchas veces como mártires, quienes asumieron el liderazgo del movimiento fueron personas de menor clase social. Los anabautistas de Suiza y Alemania del Sur fueron obligados a huir de las zonas urbanas y buscaron refugio en lugares remotos, donde pudieran practicar su fe en relativa paz. Allí, alejados de las vías formales de la educación, las siguientes generaciones de anabautistas se concentraron en las habilidades agrícolas. Se conformaban con que sus hijos lograran un nivel básico de lectoescritura suficiente para leer las Escrituras, estudiar el catecismo y cantar del himnario. Con el tiempo, los descendientes menonitas y amish de estos anabautistas adoptaron un escepticismo campesino acerca de la utilidad de la educación formal. Este pensamiento se reflejaba en un viejo refrán: "Cuanto más aprende uno, más se confunde" (en alemán, *je gelehrte, je verkehrte*).

En contraste, los grupos anabautistas de los Países Bajos, el norte de Alemania y luego del sur de Rusia desarrollaron una actitud mucho más positiva hacia los méritos de la educación formal. Aunque estaban excluidos oficialmente de los estudios teológicos, los anabautistas holandeses asistieron a las universidades de la época y recibieron títulos avanzados en una variedad de disciplinas, con una fuerte concentración en ingeniería y medicina. Para el siglo 18, los menonitas de los Países Bajos participaban plenamente en todos los aspectos de la cultura holandesa. A medida que se volvían ricos, incrementaba su entusiasmo por la educación, lo que se traducía frecuentemente en becas para estudiantes jóvenes, bibliotecas privadas o premios para la investigación y publicaciones en una amplia gama de campos. Ya en 1711, los menonitas de los Países Bajos fundaron un seminario en Ámsterdam. Durante los siglos 18 y 19 se involucraron vigorosamente en los debates teológicos de la época publicando cientos de libros, panfletos, volantes, himnarios y confesiones de fe.

Las condiciones eran un tanto más restringidas en la región del delta del Vístula en Polonia/Prusia, donde las comunidades menonitas también prosperaron en los siglos 17 y 18. Sin embargo, a comienzos del siglo 19, los emigrantes de esa región se establecieron en el sur de Rusia, formando colonias autónomas dinámicas en las que la educación era una preocupación central. Hacia el final del siglo, los menonitas de Rusia habían desarrollado un elaborado sistema de escuelas de pueblo, con el apoyo de una universidad que capacitaba a los maestros y complementadas por varias escuelas vocacionales, e incluso una escuela especializada para ciegos y sordos.[9]

Los primeros inmigrantes menonitas a Norteamérica provenían de la tradición de Suiza y de Alemania del Sur, y se establecieron en la región este de Pensilvania en la década de 1680. A mediados del siglo 18, el colono menonita Christopher Dock, maestro de Germantown, escribió varios tratados reconocidos sobre pedagogía y administración de escuelas. Dichos escritos lo transformaron en el primer teórico de la educación que publicare en Norteamérica. Sin embargo, sus obras parecen ser una excepción aislada. La mayoría de las familias menonitas estadounidenses de los siglos 18 y 19 se conformaban con completar el octavo grado en una escuela local del condado, la cual brindaba capacitación suficiente para leer las Escrituras y prosperar en las demandas del negocio de la economía agrícola.

Recién en la segunda mitad del siglo 19, los menonitas norteamericanos establecieron formalmente sus primeras escuelas. En enero de 1868, Carl Justus van der Smissen, un pastor de Alemania del Norte formado en la universidad, ayudó a fundar el *Wadsworth Institute* en la zona norcentral de Ohio, con el fuerte apoyo del líder menonita John H. Oberholtzer, de Pensilvania. La escuela, que enfatizaba los estudios bíblicos, funcionó durante diez años, luego de los cuales tuvo que cerrar por deudas y una matrícula baja. En 1887, la Iglesia Menonita de la Conferencia General fundó *Bethel College* en North

Newton, Kansas, y poco después el *Mennonite Collegiate Institute* de Gretna, Manitoba (en 1889), *Bluffton College* (en Ohio, en 1898) y *Freeman Junior College* (en Dakota del Sur, en 1903). También surgieron varias instituciones relacionadas con la iglesia menonita: *Goshen College* (en Indiana, en 1903), *Hesston Academy* (en Kansas, en 1909), e *Eastern Mennonite College* en Harrisonburg, Virginia (en 1917).

El verdadero frenesí de la actividad educativa se produjo durante las décadas de mediados del siglo 20, especialmente en los niveles primario y secundario, entre las congregaciones y conferencias de la iglesia menonita del este de los Estados Unidos. La creación de *Greenwood Mennonite School* en 1928 marcó el comienzo de un período de crecimiento rápido de escuelas menonitas relacionadas con la iglesia. Solamente entre 1940 y 1960, los menonitas de Estados Unidos fundaron no menos de 25 escuelas primarias y secundarias. Para comienzos del siglo 21, había 45 escuelas, incluyendo tres seminarios y cinco universidades, afiliadas de algún modo a la Agencia Menonita de Educación de la recién creada Iglesia Menonita de EE. UU.

Escuelas menonitas: fecha de fundación por década	
1880–1889:	1
1890–1899:	1
1900–1909:	3
1910–1919:	2
1920–1929:	1
1930–1939:	1
1940–1949:	14
1950–1959:	11
1960–1969:	4
1970–1979:	2
1980–1989:	3
1990–1999:	2
2000–2010:	2

El carácter general de este período de rápido crecimiento puede resumirse considerando cuatro temas generales.

Comienzos locales y no sistemáticos: grandes diferencias en la titularidad y el control

Al comienzo, el éxito de las escuelas menonitas en Norteamérica no fue resultado de un esfuerzo denominacional coordinado a partir de una estructura organizativa central o arraigada en una teología o pedagogía unificada. Para mediados del siglo 20, los menonitas de toda la iglesia expresaban un fuerte interés por la educación. Según Donald Kraybill, un sociólogo menonita prominente, entre 1942 y 1950 aparecieron cerca de cien artículos que trataban el tema de la educación cristiana en el periódico denominacional menonita *Gospel Herald*.[10] La conformación concreta de las escuelas menonitas reflejaba una amplia variedad de contextos y circunstancias locales.

Como era de esperar, las escuelas diferían ampliamente en cuanto a estructura de organización, énfasis curricular, estabilidad económica y apoyo local. Algunas escuelas, como *Greenwood Mennonite*, comenzaron por la iniciativa de una sola congregación. Comúnmente, en especial entre las escuelas primarias fundadas por los menonitas en la zona este del país, una junta de padres o padrinos organizaba la escuela, con el apoyo económico de las congregaciones locales, ya sea a modo de contribuciones anuales o eventos periódicos para recaudar fondos.

La mayoría de las escuelas menonitas secundarias fueron fundadas originalmente por conferencias regionales, aunque la naturaleza del apoyo económico y la supervisión de la conferencia variaban ampliamente de una escuela a otra. En años más recientes, surgieron varias escuelas urbanas como proyectos cooperativos, sustentadas por el apoyo conjunto de varias conferencias regionales, congregaciones locales y padrinos comprometidos. Entre ellas, mencionamos: *Chicago Mennonite Learning Center* (en Illinois, 1981–2008),

Philadelphia Mennonite High School (en Pensilvania, 1998), *Hopedale Christian Life Academy* (en Illinois, 2008) y *Peace and Justice Academy* (en Pasadena, California, 2009).

Preservar la fe (y la cultura): el carácter defensivo de la educación menonita

Muchas de las escuelas fundadas a mediados del siglo 20 compartían la preocupación por preservar el carácter particular de la fe y la práctica menonita frente a la poderosa presión de asimilación de la cultura circundante. Durante la primera mitad del siglo 20, los reformadores educativos de todo el país emprendieron la tarea de integrar las pequeñas escuelas rurales de una sala y las escuelas primarias y secundarias de cada pueblo en escuelas centralizadas más grandes. La unificación traía consigo la promesa de instalaciones mejoradas, equipos deportivos ganadores y mayor eficiencia. Pero a la vez desarmonizó los vínculos locales y las relaciones íntimas que caracterizaban a las comunidades pequeñas. Los niños concurrían en autobús a la escuela en lugar de ir a pie. El control de las juntas educativas pasó de manos de los padres a especialistas formados profesionalmente. Los funcionarios del Estado pasaron a tener un rol más activo en la estandarización del currículo.

Al mismo tiempo, la Segunda Guerra Mundial marcó un período de intenso patriotismo en Estados Unidos que agudizó las tensiones entre las comunidades locales y los menonitas por el compromiso de estos con la no resistencia. La presión a apoyar la guerra era muy fuerte en todos los niveles de la sociedad, pero especialmente entre los jóvenes varones en edad de ser reclutados, quienes apenas estaban terminando la secundaria. Cuando los líderes de la iglesia menonita se dieron cuenta después de la guerra de que casi el 58 por ciento de los jóvenes de la Iglesia Menonita de la Conferencia General y el 30 por ciento de la Iglesia Menonita se habían unido al ejército, tuvieron que reconocer forzosamente que los fundamentos

bíblicos y teológicos de la no resistencia no habían sido transmitidos adecuadamente a los jóvenes menonitas.[11] Según su
juicio, la capacitación cristiana que ocurría en las congregaciones y familias ya no bastaba para preparar a los jóvenes para
soportar las presiones de conformarse a la cultura estadounidense masiva.

Para responder a estas nuevas realidades, en muchas comunidades menonitas, especialmente en la antigua Iglesia
Menonita, los líderes de las iglesias comenzaron a organizar
escuelas relacionadas con la iglesia para enfrentar la amenaza
de la acomodación cultural y la deriva teológica. De hecho,
muchas de las escuelas primarias y secundarias menonitas
fundadas durante las décadas de 1940 y 1950 buscaron conscientemente promover las convicciones teológicas menonitas
frente a la cultura del nacionalismo y el militarismo tan evidente en la educación pública durante los años de la guerra.
También prometieron defender los hitos culturales tradicionales menonitas que parecían estar en peligro bajo la influencia
cada vez mayor de los medios masivos y la creciente movilidad
por el fácil acceso a los autos y al transporte económico. Las
escuelas menonitas se convirtieron en refugios para los jóvenes
menonitas ante la amenaza de la acomodación cultural y en un
oasis en una sociedad cada vez más turbulenta.

Los padrinos de las escuelas esperaban que sus hijos reci-
bieran una buena educación en estas nuevas instituciones y
estuvieran plenamente preparados para ingresar al mundo laboral o continuar sus estudios en la universidad. Sin embargo,
su mayor preocupación era crear un contexto para los jóvenes
que pudiera nutrir, preservar y reforzar las creencias características de la fe menonita y las prácticas heredadas de la vida
menonita comunitaria.

Durante gran parte del siglo 20, este fue el modelo dominante para la educación menonita: frente a los cambios políticos, económicos y culturales que erosionaban los fuertes
vínculos agrarios tejidos en las comunidades menonitas

tradicionales, las nuevas escuelas ayudarían a las iglesias y a los jóvenes a redescubrir el llamado de Cristo a hacer la paz y a la vez a proteger a los jóvenes menonitas de las presiones de la aculturación. En 1978, Donald Kraybill expresó explícitamente este objetivo en *Mennonite Education: Issues, Facts, and Changes* (Educación menonita: temas, hechos y cambios). "A medida que los antiguos significados de la identidad menonita forjados en nuestra experiencia rural se vayan atenuando", decía, las escuelas menonitas serán necesarias para "identificar y transmitir el pegamento simbólico que nos unirá en el futuro".[12]

Aunque para algunos lectores este modelo de educación cristiana sea demasiado defensivo o sectario, incluso ingenuo o pintoresco, los menonitas no eran los únicos que tenían esta idea. La preocupación por preservar una comprensión característica de la fe y la práctica frente a una cultura secularizadora caracterizó a prácticamente todas las escuelas religiosas del siglo 20, fueran católicas, judías, reformadas o luteranas. Como las convicciones religiosas nunca se expresan fuera de rituales y prácticas culturales específicos, el componente étnico de estas escuelas de la iglesia —cosas como el deseo de promover el matrimonio mixto y a la vez preservar un idioma, costumbres y una memoria colectiva característicos— fue casi inseparable de los objetivos religiosos más explícitos. De modo que las escuelas católicas de los vecindarios italiano urbanos abrazaron la cultura italiana. Las escuelas luteranas de las comunidades suecas celebraron las costumbres y tradiciones populares de la cultura sueca. Las escuelas reformadas de Michigan entretejieron a las familias en una genealogía holandesa. Las escuelas judías de la ciudad de Nueva York buscaron preservar un idioma y una cultura que sin la fe eran casi imposibles de imaginar.

De manera que no fue único el impulso de la congregación menonita de Greenwood ni el de docenas de otras comunidades menonitas de fundar escuelas para sostener una fe religiosa con características culturales particulares frente a las fuerzas homogeneizadoras de la cultura estadounidense. Actualmente, este modelo conservacionista de la educación relacionada con la iglesia continúa siendo una fuerza poderosa para la gran red de escuelas parroquiales de amish, menonitas del Viejo Orden (*Old Order*) y otros menonitas conservadores, junto a cientos de escuelas bautistas, fundamentalistas y no denominacionales.

Movimiento hacia la profesionalización/ institucionalización

Al ver la historia de las escuelas menonitas que comenzaron en las décadas de 1940 y 1950, vemos que casi todas presentan la misma trama. La mayoría empieza con un relato de su nacimiento humilde pero heroico. Prácticamente todas las escuelas menonitas comenzaron con un presupuesto mínimo y con instalaciones muy rudimentarias. Dependientes del trabajo voluntario, eran dirigidas frecuentemente por un personal cuyo compromiso con la causa superaba sus certificaciones formales. Aunque los primeros capítulos de estas historias resaltan la visión, el entusiasmo y el apoyo económico generoso de pocos individuos clave, el éxito de estas escuelas dependió de una amplia comunidad de apoyo. Los pastores locales fueron muchas veces los primeros directores. Los padres cubrieron las necesidades de cocineros y transportistas. De existir, los equipos de deportes o atletismo se entrenaban en pastizales o gimnasios locales alquilados. Los recuerdos que perduran de aquellas épocas son el compromiso colectivo con la causa compartida: —"¡Esta es nuestra escuela!"— y el orgullo local de seguir adelante a pesar de las circunstancias extremadamente adversas.

Los próximos capítulos de las historias institucionales relatan la creciente estabilidad. Saliendo de sus comienzos humildes y *ad hoc*, las escuelas marcaron un paso regular hacia la madurez institucional. Aunque algunas escuelas lograron la acreditación oficial desde su inicio, la mayoría hizo un camino gradual hacia la oficialización, con lo cual frecuentemente los maestros y directores tenían que buscar una certificación apropiada, el currículo debía adecuarse a los requisitos estatales y la escuela debía añadir una biblioteca de buen tamaño. Con el tiempo, los padres pretendieron mejores medios tecnológicos, lo cual acarreó la incorporación de salas de medios y de computación. A medida que los deportes cobraron mayor importancia, las escuelas se unieron a las conferencias, las cuales además tenían requisitos mínimos en cuanto a campos de deportes, uniformes, árbitros pagos, luces para los juegos nocturnos y cantidad de asientos para el público. Todas estas mejoras costaban dinero. De manera gradual, las escuelas llegaron a emplear personal de desarrollo de tiempo completo, el cual introdujo los boletines de noticias, los eventos anuales para recaudar fondos y la planificación de estrategias, además de atender con nuevo interés las relaciones entre los exalumnos y la búsqueda de donadores.

En cierta manera, estas transiciones eran inevitables, signos de madurez institucional. Sin embargo, la mayor profesionalización y sofisticación organizacional significaba que las relaciones con los componentes centrales debían renegociarse. Por ejemplo, mientras que en un momento se suponía que las escuelas se alineaban plenamente con los parámetros congregacionales del no conformismo —como el modo de vestir, la mantilla para la oración o las restricciones al ir al cine—, hacia el final del siglo 20 estaba claro que las escuelas ya no eran hijas de la conferencia o de la congregación, sino entidades independientes. Algunas juntas educativas promovieron la idea de las donaciones para proveer estabilidad económica a largo plazo, en lugar de depender directamente de las iglesias locales para el presupuesto anual. Los miembros de la junta que asistieron a los seminarios para aprender sobre la recaudación de fondos aprendieron la regla del 90-10 (o 95-5), según la cual al 90 por ciento del dinero lo contribuye el 10 por ciento de la gente. Así, el enfoque de sus relaciones giró cada vez más hacia los pudientes. Las presiones de la matrícula generaron mayores expectativas en cuanto a disponer de instalaciones relucientes, y no solamente aulas, sino también laboratorios de ciencias, salas de artes escénicas, capillas y gimnasios. Las escuelas luchaban por negociar la creciente brecha entre las suposiciones de los padres y las expectativas de las congregaciones respecto a lo que era un tipo de conducta aceptable en los alumnos y a la enseñanza ortodoxa en las clases de Biblia.

Aunque esta descripción pueda sonar negativa, muchas escuelas menonitas prosperaron en las décadas de 1970 y 1980. Al aumentar el número de inscriptos, emprendieron impresionantes campañas de capitalización, incorporaron al currículo las experiencias interculturales y de servicio como forma de aprendizaje, dejaron su marca en los deportes y obtuvieron una fuerte reputación por la calidad de sus programas académicos y musicales.

Ampliación de la misión y nuevas visiones

Durante la segunda mitad del siglo 20, esta transformación en muchas escuelas menonitas —comenzando como iniciativas locales edificadas sobre los vínculos cercanos entre los miembros y las congregaciones de la comunidad local, hasta volverse instituciones más formales con procedimientos administrativos racionales y un mayor sentido de la independencia— sugirió inevitablemente un cambio en la misión institucional. Al ampliarse la base constitutiva de cada escuela, surgieron nuevas preguntas en cuanto a la identidad y la misión que debían atenderse. Algunas juntas educativas lo hicieron de manera cuidadosa y deliberada, recurriendo a la Junta Menonita de Educación de la Iglesia Menonita o a la Comisión de Educación de la Iglesia de la Conferencia General. Sin embargo, muchas escuelas ajustaron simplemente sus programas para responder a las realidades cambiantes del mercado, resultando generalmente en conexiones más flexibles con las congregaciones y las conferencias menonitas.

Actualmente, la idea de que las escuelas menonitas existen principalmente para proteger a sus jóvenes de las influencias culturales de la sociedad mayor se ha tornado obsoleta. Casi todas las escuelas menonitas contemporáneas —primarias, secundarias, universidades y seminarios— cuentan con alumnados significativamente diferentes a los que tenían cuando fueron fundadas.[13] En 1950, los estudiantes menonitas conformaban con frecuencia entre el 90 y el 100 por ciento del alumnado; al comenzar el nuevo siglo, dicho número había caído al 50 por ciento en la mayoría de las escuelas, y en algunos casos ha bajado a menos del 20 por ciento.

A medida que el porcentaje de alumnos menonitas declinaba de manera constante, las escuelas ampliaron su base de captación, incluyendo ahora a estudiantes de una amplia gama de tradiciones religiosas o que no pertenecían a ninguna. Solo en casos extraños este cambio fue el resultado de una decisión consciente y estratégica. Con mayor frecuencia reflejaba las lentas pero inexorables consecuencias de una disminución en el tamano de la familia menonita, junto al apoyo menguante de las congregaciones locales a la educación menonita, y por el otro lado, la creciente demanda de una escuela relacionada con la iglesia como alternativa a la escuela pública por parte de otras personas de la comunidad.

En forma paralela a esta modificación en la composición religiosa del alumnado, las juntas y directores escolares han comenzado lentamente a articular una concepción más abierta de la misión de la educación menonita basada en la iglesia. Cada vez más, las escuelas y universidades menonitas se encuentran obligadas a demostrar que su nivel académico, la calidad de sus instalaciones y las oportunidades extracurriculares que ofrecen son equiparables o incluso superiores a las de otras escuelas, además de brindar una instrucción basada en la fe para un alumnado diverso. Actualmente, los que apoyan las instituciones educativas menonitas describen la misión de la escuela en términos de excelencia educativa, junto a una base general de valores fundados en la fe y un compromiso abierto con el servicio.

Las últimas escuelas en afiliarse a MEA están surgiendo en contextos urbanos, lejos de las zonas donde los menonitas se habían establecido tradicionalmente y sin las suposiciones culturales que generaron el frenesí de fundación de escuelas en las décadas de 1950 y 1960. A estos emprendedores educativos, que han sido profundamente moldeados por la teología anabautista menonita y han fundado estas escuelas, les entusiasma crear alternativas educativas a la escuela púbica y al modelo común de escuelas cristianas. La mayoría de estas iniciativas novatas no se parecen en nada al modelo tradicional que he estado describiendo, al menos en la superficie. Casi todas están situadas en entornos urbanos y tienen alumnos que representan a numerosas culturas. Frecuentemente, sus financiadores locales están profundamente interesados en la teología y las prácticas anabautistas menonitas, pero no necesariamente están comprometidos con su tradición. Estas nuevas escuelas señalan un nuevo modelo de educación menonita que está surgiendo y que probablemente se expanda en el futuro. La forma total de ese nuevo modelo no se ve aún con claridad; de hecho, quedan muchas cuestiones sin resolverse. Sin embargo, sí parece estar claro que en el futuro la educación menonita será cultural y religiosamente más diversa, más misional en su orientación general y más dinámica en sus ajustes a las realidades económicas cambiantes.

Conclusión

Dada la importante transformación que hace tiempo se está dando en las escuelas menonitas, es claro que ha llegado el momento de renovar el debate sobre la filosofía subyacente a la educación que se relaciona con la iglesia. Hoy más que nunca, los menonitas de Norteamérica están profundamente integrados en la vida pública de sus comunidades locales. Pagan los impuestos que financian a las escuelas locales. Trabajan como directores, maestros y miembros del personal en las escuelas públicas. Participan en clubes locales que ofrecen servicios y en asociaciones empresariales comunitarias. Inmersos en un mundo que muchas veces considera que el apoyo a las escuelas públicas es un parámetro para medir la responsabilidad cívica y la buena ciudadanía, muchos menonitas ya no están convencidos de que el *valor agregado* por enviar a sus hijos a una escuela menonita sea lo suficientemente significativo como para justificar el precio de la matrícula.

Sin embargo, la iglesia menonita continúa su importante inversión en la educación financiada por la iglesia. En medio de un contexto dinámico —moldeado por las realidades económicas desafiantes, las demandas cambiantes del mercado, los compromisos teológicos inciertos y la identidad denominacional en flujo de cambio constante—, las familias y congregaciones tendrán que abordar un cúmulo de preguntas acerca del futuro de la educación basada en la iglesia: ¿cuáles son nuestros objetivos principales para la educación de nuestros hijos? ¿Qué relevancia tienen nuestras convicciones religiosas para estos objetivos? En nuestra sociedad iluminada y democrática, ¿necesitamos escuelas financiadas por la iglesia? ¿Cuál es la misión particular de las escuelas anabautistas menonitas? ¿Cómo sería una educación moldeada por la teología anabautista menonita? Si es que todas las escuelas que están bajo el paraguas de MEA tienen algo en común, ¿qué sería lo que comparten?

En los capítulos siguientes, abordo estas preguntas trazando en líneas generales la filosofía de la educación cristiana desde una perspectiva anabautista menonita. Lo que leerá a continuación no constituye una definición formulada ni un programa empaquetado. En cambio, ofrezco un panorama de la teología anabautista menonita y describo en líneas generales una pedagogía consistente con esa teología. Concluyo con el planteo de un conjunto de resultados que las escuelas moldeadas por la tradición anabautista menonita pueden esperar encontrar en todos sus alumnos.

La conversación que sigue no resuelve todas las preguntas con las que se enfrenta la educación menonita en la actualidad, pero confío en que reavivará el diálogo y enfocará el debate de manera constructiva.

2

Puntos de partida teológicos

La encarnación como fundamento de la educación anabautista menonita

En los meses posteriores a los ataques devastadores a las Torres Gemelas en septiembre de 2001, el ánimo de la nación se perturbó entendiblemente. Una de las expresiones de furia nacional adoptó la forma de demostraciones espontáneas de unidad nacional. Aparecieron banderas estadounidenses en las casas y en las calles. Los alumnos de las escuelas y grupos de ciudadanos juraban lealtad con nuevo fervor. Representantes de las fuerzas armadas se hicieron mucho más visibles al cantar el himno nacional antes de los eventos deportivos. Estos símbolos subrayaron la nueva predisposición nacional de ir a la guerra contra los responsables de los ataques terroristas.

En medio de esta efusión nacional de sentimiento patriótico, la tradición de varias escuelas menonitas de no cantar el himno nacional, no izar la bandera estadounidense ni jurarle lealtad a ésta desencadenó renovadas críticas de parte de las comunidades locales. La preocupación pública iba desde la confusión hasta la furia indignada. ¿Por qué no afirmar los sentimientos de la nación en tiempos de crisis? ¿Acaso odian a su país? ¿Son desagradecidos con las fuerzas militares? ¿Acaso apoyan al terrorismo? Muchas personas de la comunidad sentían que la vacilación de estas escuelas por participar de tales manifestaciones públicas de nacionalismo —sin importar cuánto tiempo se hubieran sostenido estas políticas— era cruel y arrogante, insensible a la dura realidad de la violencia.

El nuevo ánimo nacional después del 11 de septiembre les planteó un verdadero dilema a algunas juntas educativas y directores. Frente a la crítica pública y la decisión de algunos padres de retirar a sus hijos de la escuela, los directivos educativos de varias comunidades trataron de explicar su postura en periódicos locales, aunque con éxito limitado. El momento llevó a un intenso debate interno y a una nueva consideración de las suposiciones tradicionales en casi todas las escuelas menonitas. ¿Cuál es la relación entre la lealtad a Jesús y la lealtad a la nación? ¿Cómo podemos transmitirle más eficazmente nuestras convicciones a la comunidad circundante? ¿Vale la pena afectar las relaciones públicas por estas políticas? ¿Las creemos realmente nosotros mismos?

Aunque el debate no fue siempre agradable y aún permanezca irresuelto, lo cierto es que disparó una conversación importante sobre la identidad, la misión y los fundamentos teológicos de la educación menonita. ¿Qué significa exactamente ser una escuela de la tradición anabautista menonita? ¿Qué convicciones cristianas son centrales a la identidad y el carácter de aquellas escuelas afiliadas a la Agencia Menonita de Educación? ¿Cuál sería la mejor manera de expresar dichas convicciones? ¿En qué puntos deberían las escuelas menonitas alinearse conscientemente con la comunidad cristiana más amplia —enfatizando sus características compartidas con otros cristianos de diversas denominaciones? ¿Y en qué puntos deberían las escuelas menonitas declarar, defender y promover aquellas características que las distinguen de las demás?

Los asuntos que abordamos van más allá del nacionalismo y los símbolos públicos de unidad patriótica. Tal como sugiero en este capítulo, esta es solo una de muchas maneras en las que una teología anabautista menonita particular puede manifestarse como una expresión visible. Pero los temas que tienen que ver con las banderas, los juramentos y los himnos nacionales pueden ayudar a enfocar el marco teológico más amplio que caracteriza al abordaje anabautista menonita de la educación.

La teología menonita y la vergüenza de la particularidad

Cuando muchos de nosotros pensamos en la palabra *teología*, una imagen que se nos viene pronto a la mente es la de una pila de libros gordos cargados de argumentos sobre la naturaleza de Dios, llenos de referencias bíblicas y debates tediosos entre eruditos que en su mayoría ya fallecieron. Para otros, la *teología* significa un conjunto específico de doctrinas expedidas por líderes eclesiales o ancladas en una tradición antigua y en las cuales debemos creer en forma completa si pretendemos llamarnos cristianos. Para otros, la *teología* evoca ideas más abstractas e intelectuales —reflexiones sobre la naturaleza del amor o cavilaciones filosóficas sobre conceptos como la espiritualidad o la verdad.

Si usted se encuentra en cualquiera de estos puntos para comenzar a debatir sobre teología, el abordaje anabautista menonita puede sonar confuso y aun un poco frustrante. En contraste con otras tradiciones cristianas, los menonitas no se han definido por lo general en términos de una confesión de fe autoritaria ni por una estructura claramente delineada por una jerarquía eclesial. A diferencia de los luteranos, por ejemplo, los menonitas no tienen una confesión de fe históricamente invariable que haya permanecido firme en su lugar desde el siglo 16. Los menonitas tampoco tienen un papa, como la tradición católica, que habla con total autoridad en asuntos teológicos desde el centro de la iglesia. En contraste con la tradición de la Reforma, por lo general los menonitas no han expresado sus convicciones con argumentos sistemáticos o con el fuerte rigor lógico de las *Instituciones* de Juan Calvino. Por cierto, la tendencia menonita de valorar el discernimiento local de las Escrituras a nivel de las congregaciones o conferencias ha dificultado frecuentemente la posibilidad de resumir la postura menonita sobre temas teológicos controvertidos, de modo que incluso dentro de la estructura organizacional de la Iglesia Menonita de EE. UU., las diferencias locales y regionales llevaron a las escuelas afiliadas a la Agencia Menonita de Educación a abrazar una variedad de énfasis teológicos. Dichos desafíos se complicaron aún más con la tendencia reciente de estas escuelas de ampliar su base de apoyo constituyente para incluir a personas que no pertenecen a la iglesia menonita. Según hemos notado, muchas escuelas menonitas tienen sus orígenes en un momento de la historia de sus comunidades locales en que parecía que las características particulares de la identidad menonita estaban siendo minadas. Una de las tareas principales de las escuelas menonitas era preservar las convicciones teológicas, los hábitos culturales y las prácticas éticas que habían separado tradicionalmente a los menonitas de la cultura circundante. Hoy en día, ese modelo de insularidad defensiva ha colapsado en gran parte. La mayoría de las instituciones educativas menonitas sirven a poblaciones diversas de alumnos cuyos intereses no se enfocan principalmente en apoyar la identidad comunitaria menonita. Además, las escuelas dependen cada vez más del ingreso de las matrículas que estos alumnos diversos aportan.

Aunque este cambio de dirección les ha brindado a las escuelas menonitas nuevas oportunidades de misión, también complicó el debate interno sobre la identidad teológica. Dada la creciente diversidad de su población, hoy las escuelas menonitas luchan con lo que podría llamarse la "vergüenza de la particularidad". Temen que definirse demasiado explícitamente con una identidad teológica característica sea percibido por otros como una actitud arrogante o poco hospitalaria. Quizás peor aún, el hecho de resaltar la identidad teológica particular podría considerarse una reversión a un antiguo modelo sectario de etnicidad defensiva, lo cual dificultaría que alumnos y profesores que no crecieron en la tradición menonita sientan un verdadero sentido de pertenencia.

El aspecto más positivo es que la creciente diversidad en las escuelas menonitas ha incentivado a los maestros, directores y financiadores de las escuelas a reflexionar más intencionalmente sobre las convicciones teológicas básicas y a ser más explícitos sobre el modo en que dichas convicciones se expresan en la vida diaria de la institución. La interacción cotidiana con alumnos y padres de muchas tradiciones teológicas alienta a una institución a ser más explícita sobre sus valores centrales y a tomar más conciencia al comunicar estas convicciones, haciéndolo de una manera amable y acogedora.

El aspecto negativo es que la nueva modalidad misional de muchas instituciones educativas anabautistas menonitas ha abierto la puerta a la confusión teológica. En sus esfuerzos por evitar la vergüenza de la particularidad, algunas juntas y directores están tentados a minimizar toda diferencia teológica que pueda separar de algún modo a su escuela de la tradición protestante o evangélica más amplia.

Frecuentemente, la vergüenza de la particularidad aparece gradual e inocentemente, más por falta de atención que por una estrategia consciente. Por ejemplo, las escuelas que comenzaron con un fuerte apoyo de las congregaciones menonitas locales pueden observar que su entusiasmo inicial comienza a mermar lentamente. Quizás algunas congregaciones hayan retirado su apoyo, disgustadas porque la escuela no pudo abrazar adecuadamente otras corrientes de devoción evangélica o estilos de adoración. Para otros, el incremento en el costo de la matrícula hizo que aquellos que durante mucho tiempo apoyaron a la escuela reconsideraran la opción de la escuela pública. Frente a la realidad de la baja de la matrícula y la posibilidad de aumentar aún más los costos de inscripción, las juntas educativas comienzan a sentir la presión de hacer que la escuela sea atractiva para un mercado mayor, que pueda incluir a todos los grupos cristianos de la comunidad o agradar a aquellos que no tienen ningún interés en la fe cristiana pero que buscan simplemente una buena alternativa educativa a la escuela pública.

En ocasiones sucede que los propios miembros de las juntas educativas o directores han experimentado bendiciones espirituales profundas a través del ministerio de programas de radio o televisión cristianos fuera de la corriente menonita convencional. O quizás hayan asistido a seminarios financiados por organizaciones no denominacionales o hayan participado de conferencias en las que dinámicos predicadores describen el futuro de la educación cristiana desde sus propias perspectivas teológicas. Llegado el momento de representar a la escuela ante familias interesadas no relacionadas con una congregación menonita, puede parecerles natural a dichos directores enfatizar los puntos en común con la tradición cristiana más amplia en lugar de resaltar las particularidades menonitas. Como consecuencia, las juntas educativas, los directores, el personal y los profesores se encuentran ante la necesidad de explicar el carácter de la escuela en términos cada vez más genéricos: "Los menonitas creen en general las mismas cosas que otros protestantes. Sí, tienen además algunas prácticas extravagantes, pero no las enfatizamos ni deberían interferir en su apoyo a la escuela".

Con el tiempo, la cultura de la escuela refleja estas suposiciones. Se contratan nuevos profesores basándose en convicciones cristianas generales en común. Los oradores de las capellanías reflejan toda la diversidad denominacional o teológica del cuerpo del alumnado. Surgen nuevos énfasis de la identidad que declaran, por ejemplo, que "todos somos cristianos", "todos somos estadounidenses" o "todos defendemos la democracia", y que parecen ser más compatibles con actitudes compartidas por la comunidad circundante.

El lado positivo de este abordaje es que al ser cálido y expansivo, abraza abiertamente a otros cristianos evangélicos al enfatizar los puntos en común y ser flexible con las creencias y prácticas particulares que en el pasado han separado a los menonitas y otros grupos. Después de todo, los grupos anabautistas menonitas sostienen muchas de las convicciones ortodoxas que uno podría encontrar en todos los grupos cristianos: una importante valoración de las Escrituras, la afirmación de la trinidad, una comprensión seria de la realidad del pecado, un reconocimiento de que la salvación depende del don de la gracia de Dios, y la convicción de que Dios está activo en la historia y que algún día restaurará la creación a su propósito previsto. En este sentido, los menonitas no son una secta, ni un culto ni seguidores separatistas de las revelaciones secretas de un individuo excéntrico. Luego de haber invertido tanta energía en los últimos años en diferenciarse de otros —definiendo su identidad en términos negativos, declarando lo que no eran— es sano para los menonitas reconocer más elementos en común con cristianos de un espectro más amplio de la iglesia. La nueva postura de la educación menonita que abraza a un grupo más diverso de maestros, alumnos y financiadores debe considerarse un signo de renovación y un don de la gracia de Dios que ofrece nuevas oportunidades de compartir las buenas nuevas libremente y ser transformados por el Espíritu.

De igual modo, mientras los miembros de juntas, directores y maestros de escuelas menonitas negocian estas nuevas realidades, sería provechoso que tengan en mente algunos principios básicos.

1. Toda escuela tiene una identidad: no se puede escapar de la "vergüenza de la particularidad"

El primer principio es verdaderamente simple. Tener una identidad característica no es una elección; es una realidad. Su escuela, aunque se declare no denominacional o simplemente cristiana, siempre reflejará una identidad teológica y cultural *particular*. Toda escuela, por ejemplo, tendrá folletos de papel brillante y otro material impreso de propaganda que describa las cualidades que hacen particular a su escuela. Toda escuela tendrá una declaración de misión que defina sus prioridades y metas. Toda escuela tendrá un conjunto de políticas respecto a quiénes contrata y a las expectativas de logros y conducta que pretende de sus empleados. Toda escuela tendrá un presupuesto en el que priorice a algunos programas sobre otros. Además, toda escuela tendrá una declaración de fe que defina los límites de las enseñanzas teológicas y la conducta moral aceptables.

Más allá de todo esto, toda escuela tendrá además una cultura informal o no oficial —una reputación o cierta sensación que hará que los nuevos alumnos se sientan acogidos y que probablemente servirá a otros de señal de que probablemente no estarán cómodos en la escuela.

En la superficie, todo esto puede ser obvio. Pero en el contexto de las escuelas menonitas, el rechazo de una identidad particular heredada del pasado se defiende frecuentemente con argumentos que sugieren que la particularidad misma es el problema. Esta es la lógica de expresiones como: "Debido a que las particularidades menonitas han sido tan exclusivas, seamos simplemente una escuela cristiana". De hecho, ser "simplemente cristiana" no es posible. Si su escuela no es menonita, será simplemente otro tipo de escuela, pero no menos particular en su identidad. La escuela *siempre* expresará su particularidad de maneras específicas que en última instancia excluyen tanto como incluyen.

En este sentido, las escuelas que se declaran no denominacionales o genéricamente cristianas no son diferentes, en principio, de las escuelas que son claras desde el comienzo respecto a sus cualidades particulares. Ya que es imposible escapar de la particularidad de las creencias, en lugar de simular ser no denominacionales, sería mucho mejor ser conscientes, serios y claros acerca de las convicciones de su escuela y ofrecer explicaciones amables para justificarlas.

Por ende, el tema crucial de los miembros de junta y directores no debería ser cómo evitar la vergüenza de ser particulares, sino ver qué *tipo* de identidad particular quieren afirmar como escuela y cómo pueden expresarla.

2. Debido a que la identidad es siempre particular, las escuelas cristianas deben conocer sus tradiciones

Decir que toda identidad es "particular" puede sonar arbitrario o librado al azar, lo cual de ningún modo es el caso. Detrás de la identidad saludable está la gracia de una historia; nuestras creencias y prácticas teológicas siempre están arraigadas en una tradición más profunda. Una tradición ofrece un marco de referencia que les otorga sentido y coherencia a muchas elecciones que le dan estructura a nuestra vida. Conocer nuestras tradiciones es tener un lugar donde hacer pie en un mundo complejo que cambia rápidamente. Ciertamente, si se pretende preservar, renovar, desafiar y compartir las creencias y prácticas particulares de una escuela relacionada con la iglesia, las escuelas deberán ser muy conscientes y deliberadas en cuanto a las tradiciones que las originan.

A nadie debería sorprenderle, por ejemplo, que la escuela judía local les preste mucha atención al idioma hebreo y a las Escrituras hebreas, que celebre festividades judías características o se niegue a programar eventos deportivos en el sabbat. Los católicos de Norteamérica pueden no estar siempre de acuerdo con el papa, pero a nadie que asista a la Universidad de Notre Dame le alarmaría descubrir que se ofrece misa diaria en los dormitorios, ni oír nombrar a la virgen María ni encontrar clases de teología dedicadas a las enseñanzas católicas. No todos los grupos de las tradiciones de la Reforma coinciden en todos los puntos de la doctrina, pero los escritos de Calvino y las comprensiones básicas de la soberanía de Dios o los límites al libre albedrío proveen un punto de referencia para la reflexión sobre los temas teológicos que uno espera encontrar en una escuela de la Reforma. Todas las escuelas luteranas se anclan explícita o implícitamente en una comprensión de las Escrituras que mira a través del lente de la Confesión de Augsburgo. Por cierto, uno podría preguntar legítimamente por qué un grupo invertiría toda la energía y los recursos que significa la educación privada relacionada con la iglesia si no existe una tradición teológica identificable que sustente las prácticas, el énfasis y el carácter de la escuela.

Por ende, cada escuela cristiana no solo tendrá una identidad particular, sino que necesitará además estar atenta a las tradiciones más profundas que moldean las convicciones teológicas, las prácticas éticas y los estilos de adoración que le otorgan a dicha identidad su integridad y coherencia.

3. Conocer su tradición es una clave para la misión, no un obstáculo

Hasta aquí he sugerido que tener una identidad particular formada por una tradición teológica más profunda es inevitable, aun entre escuelas que se declaran no denominacionales. La preocupación, por supuesto, es que tal énfasis en la particularidad y la tradición —especialmente en el contexto menonita— solo refuerce la defensa del pasado y en última instancia entorpezca la misión. Sin embargo, abrazar conscientemente los temas particulares de la teología anabautista menonita puede en realidad servir para encaminarse hacia la misión en lugar de entorpecerla.

Ciertamente, la tendencia de algunos grupos menonitas de enfocarse principalmente en las fronteras que los separan del resto del mundo cristiano ha traído problemas. Una forma negativa de identidad que depende de tener enemigos para saber quiénes *no* somos está cargada de diversas formas de arrogancia y legalismo, y puede fomentar interminables diferencias en la búsqueda de pureza doctrinal o ética. Pero el mayor desafío actual para muchos menonitas es precisamente lo contrario. Por lo general, los esfuerzos bien intencionados de muchas escuelas de evitar una identidad teológica que pueda ser percibida como poco acogedora, sectaria o irrelevante resultaron finalmente en una confusión teológica y no en una acción misional más fuerte.

Este dilema plantea cuestionamientos básicos sobre la naturaleza de la misión que vale la pena explorar. Desde la Iluminación en el siglo 18, la mayoría de los cristianos educados han luchado con el reconocimiento de que cualquier afirmación individual respecto a la verdad —especialmente la verdad religiosa— ha sido condicionada de algún modo por una cultura particular, por la casualidad de nacer en una familia particular o por las circunstancias únicas que moldean la perspectiva de una persona. Lo que yo pienso que es una verdad universal puede ser en realidad sólo el producto de mi punto de vista local y limitado.

Para los cristianos que reconocen las consecuencias profundas de comprender este hecho, el desafío misional se agudiza. ¿Cómo puedo persuadir de la buena nueva del evangelio a otro —a extraños al otro lado del mundo, a vecinos o aun a mis propios hijos— si mi comprensión de Dios es solo producto de mi cultura particular? Una respuesta, especialmente en las tradiciones católicas, reformadas y en algunas evangélicas, es apelar a la razón. Evitamos la vergüenza de ser particulares argumentando la fe según la lógica universal. Si uno comienza con la suposición de que la teología trata mayormente lo que sucede en nuestras mentes —creer lo correcto o justificar nuestro camino para volver a Dios—, entonces la tarea de los educadores cristianos es presentar las creencias cristianas como un sistema intelectual coherente, usando todos los argumentos rigurosos, toda la evidencia racional y toda la lógica precisa que podamos lograr. Con argumentos cuidadosos revelamos las incongruencias del ateísmo o el agnosticismo, y convencemos a nuestros compañeros de debate para que reconozcan la verdad del evangelio cristiano.

Desafortunadamente, a la mayoría de las personas no se las convencerá con este abordaje. De hecho, lo que acostumbramos llamar *teología* es rara vez algo tan consciente o cerebral como parece que suponemos, si bien *teología* significa técnicamente "palabras sobre Dios". Pero en un nivel más profundo, apunta en realidad a nuestras suposiciones más fundamentales sobre la naturaleza del mundo. A veces podemos formular nuestras creencias con oraciones bonitas. En un nivel más profundo, nuestra teología va mucho más allá de las declaraciones doctrinales explícitas que pueden detallarse en una lista a modo de contrato legal ("Yo creo X, Y y Z").

Nuestra teología toca nuestros temores, esperanzas y deseos más profundos, las actitudes que traemos al mundo sin una lógica plenamente desarrollada. Por ejemplo, es un asunto bastante simple decir que la Biblia es la "palabra infalible, inspirada y plena de Dios" o que "Jesús murió por mis pecados". Pero las esperanzas, temores, actitudes y deseos que moldean realmente nuestras decisiones diarias son probablemente una mejor ventana a nuestra teología que las declaraciones abstractas o listados de afirmaciones doctrinales. De hecho, la expresión más verdadera de lo que creemos en realidad se puede encontrar en nuestros hábitos, prácticas, suposiciones e inclinaciones —en las cosas que decimos y hacemos durante las rutinas cotidianas de la vida y que afectan enormemente nuestra manera de reaccionar cuando la vida nos confronta con sorpresas profundas y desafía nuestros ritmos conocidos.

Al final, lo que creemos realmente se hará evidente en nuestro modo de vivir. En última instancia, la conversión cristiana no es tanto una cuestión de pensamiento racional y convencimiento lógico como una transformación del corazón, una reorientación de nuestros deseos, hábitos y prácticas que nos dirige hacia la adoración a Dios en lugar de hacia la adoración a nuestro propio ser.

Nuestro reconocimiento de que la teología cristiana toca algo más profundo que la argumentación lógica o las creencias doctrinales tiene importantes implicancias para el modo en que comunicamos nuestra fe, lo que frecuentemente se describe como "misión". También tiene importantes implicancias para el modo en que pensamos sobre la pedagogía.

* * *

Una identidad particular moldeada por un compromiso consciente con una tradición teológica es crucial para la misión.

La misión auténtica no consiste tanto en presentar el evangelio en un lenguaje general y genérico como en comunicar las convicciones de una manera clara y amable, y después vivir una vida que refleje dichas convicciones de manera consistente. ¿Cómo sería esto en la tradición anabautista menonita?

El Verbo hecho carne: la encarnación como llave a la teología anabautista menonita

En el corazón de toda reflexión teológica está la pregunta que los humanos han ponderado desde el comienzo de los tiempos: ¿cómo se encuentran los cielos y la tierra? ¿Cómo se cruza el mundo trascendente del Espíritu con el mundo material ordinario del tiempo y el espacio? En pocas palabras, ¿cómo se reconcilia la humanidad con Dios?

A lo largo de los siglos, los cristianos de distintas tradiciones han respondido a esta pregunta de diferentes maneras. La mayoría de los protestantes describen la salvación con la doctrina de la expiación - enfocada especialmente en la crucifixión de Jesús—, enfatizando particularmente temas como la sangre, el sacrificio, el perdón y la gracia. Expresado de la manera más breve, Jesús murió por nuestros pecados. Por medio del derramamiento de su sangre inocente, Cristo pagó la deuda por nuestros pecados. Lo único que debemos hacer es aceptar este regalo invitando a Jesús a entrar en nuestro corazón como nuestro Señor y salvador personal. Para muchos cristianos, estas frases son tan familiares que generalmente no las pensamos dos veces. Esta es la fórmula de la salvación; todo lo que viene después en términos de creencias o prácticas es secundario.

Por lo general, los que pertenecen a la tradición anabautista menonita han comprendido la salvación de una manera distinta. No es que pensemos que Jesús no sea importante para la conversión cristiana. Al contrario, los menonitas afirman firmemente que en la persona de Jesucristo se encuentran el cielo y la tierra, y que en él las personas son reconciliadas con Dios y entre sí. Todas las escuelas menonitas proclaman virtualmente en su declaración de misión o de visión que son "cristocéntricas". Pero el énfasis principal dentro de la tradición anabautista menonita no ha sido enfocarse tanto en el sacrificio de la sangre de la muerte de Cristo como en su vida, sus enseñanzas y su resurrección. Sobre todo, el énfasis anabautista ha sido la encarnación: Jesús es Dios *encarnado*, es decir, "en la carne". Jesús es el puente que une a la creación con su creador. En Jesús, se le ha entregado al mundo la más plena revelación de los propósitos y las intenciones de Dios para con la creación. En Jesús encontramos nuestra salvación. En Jesús tenemos un modelo autorizado de cómo vivir.

La encarnación subraya la autoridad divina de Jesús: en la persona de Jesús, Dios se hace visible a la humanidad. "En el principio", escribe el apóstol Juan al comenzar su Evangelio, "ya existía la Palabra. La Palabra estaba con Dios, y Dios mismo era la Palabra… Y la Palabra [aquí se refiere a Jesús] se hizo carne" (Jn 1.1, 14 RVC). "El que me ha visto a mí", dijo Jesús a una multitud atónita de oyentes, "ha visto al Padre… que me envió" (Jn 14.9, 24 NVI). Para aquellos que aún tenían dudas, Jesús va directamente al grano: "El Padre y yo somos uno" (Jn 10.30).

¡Ésta es una declaración asombrosa! Jesús no es un dios o una metáfora para referirse a Dios, ni alguien muy parecido a Dios. No, Jesús es Dios en forma humana. En el cuerpo y sangre de Jesús, Dios se unió a la humanidad. Las consecuencias para la salvación cristiana y la naturaleza de la vida cristiana que surgen de esta manera de comprender la encarnación son profundas.

Es significativo, por ejemplo, que el relato bíblico de la encarnación —el Verbo hecho carne— no comience con los Evangelios sino con la historia de la creación misma. La naturaleza y el carácter de Dios siempre se han revelado a través del mundo material. Por ende, en los primeros versículos de la Biblia descubrimos que Dios es una presencia viva y activa dentro de la creación desde el comienzo mismo de los tiempos. Cuando Dios divide la luz y la oscuridad, separa la tierra seca de las aguas y crea las plantas y los animales, el Espíritu de Dios penetra la sustancia misma de la creación. En el sexto día, en un dramático acto culminante, Dios moldea una forma humana a partir de la tierra; la moldea a imagen de Dios y sopla en la nariz de esa forma su propio aliento, el aliento de la vida misma, el don de un espíritu viviente. Desde el comienzo, Dios ha creado a los humanos como seres encarnados, como cuerpos *almados* y almas encarnadas. Fue precisamente esta fusión del mundo material creado con el aliento del Espíritu de Dios que Dios declara "buena".

Además, los primeros capítulos de Génesis dejan en claro que Dios diseñó a los humanos para vivir vidas no divididas. La intención original de Dios para Adán y Eva en el jardín de Edén es disfrutar de relaciones de armonía, confianza y transparencia. De este modo, Adán y Eva caminan con Dios al aire libre sin temor. Están desnudos uno ante el otro, sin vergüenza ni pudor. Viven en paz con el mundo natural.

Desafortunadamente, la realidad del pecado destroza esta imagen maravillosa. Según se describe en Génesis 3, las consecuencias del pecado son claras. Lo que Dios quiso que estuviera unido, ahora está dividido. Debido al pecado, los humanos están separados de Dios (Adán y Eva se esconden cuando Dios camina junto a ellos). Debido al pecado, los humanos están ahora en conflicto entre sí (Adán y Eva se visten para cubrir partes de su cuerpo; Caín mata a Abel). Debido al pecado, los humanos están en conflicto con la creación misma (ahora los humanos deben sudar para asegurarse el alimento; luchan contra espinas y serpientes).

Debido a que la unidad de espíritu y carne que Dios pretendía para la creación ha sido dañada, los seres humanos empiezan a considerar a la creación como un mero objeto o cosa. Esto se evidencia mejor en el impulso humano de construirse ídolos —la tendencia humana de adorar cosas que nosotros hemos creado en lugar de adorar al Creador. Sin embargo, también se manifiesta en el impulso humano de tratar a otros seres humanos como meros objetos: como objetos de lujuria, como medios para lograr nuestros objetivos o peor, como meros cuerpos que podemos matar si se ponen en nuestro camino. La misma tentación se revela en nuestra actitud hacia la creación y en nuestra inclinación a tratar a la creación como mera mercancía. Todas estas tendencias humanas son las consecuencias del pecado, la evidencia persistente de la caída.

No obstante, la caída es solo el preludio de una historia aún más grandiosa por venir. ¡La obra creativa de Dios aún no ha terminado! El pecado nos ha separado de Dios y de la creación, y nos ha dividido entre nosotros. Pero el resto de la Biblia es un largo relato del llamado paciente y persistente que Dios hace a la humanidad; el llamado a volver a la integridad y la armonía que pretendía para nosotros. Dios nunca está distante o alejado de la creación. Por cierto, en las Escrituras hebreas, Dios se hace visible de maneras tangibles, materiales y físicas: una zarza ardiente, aguas que se separan justo a tiempo, maná que cae milagrosamente de los cielos, mandamientos inscriptos físicamente en piedra, el arca del pacto que contiene poderes misteriosos, un templo, el cual se dice que Dios habita.

Dios se hizo visible también en la historia humana a través del testimonio de un pequeñísimo pueblo nómade llamado a revelar el carácter y la intención original de Dios para la humanidad: revelar la voluntad de Dios a todas las naciones. Las historias de los hechos poderosos de Dios en la historia —a través de Abraham, Sara, Miriam, Moisés, David, Daniel y Ester— revelan a un Dios de justicia y misericordia, de poder y compasión, de justicia y amor. Los profetas de Israel creían que la revelación de Dios en la historia aún no estaba completa. Ansiaban la "sanación de las naciones". Ese día, el león vivirá con el cordero, y no habrá quien haga daño ni destruya (Ap 22.2; Is 11.6-9; 65.25 NVI). Oraban fervientemente por que llegara el día en que "como las aguas cubren los mares, así también se llenará la tierra del conocimiento de la gloria del Señor" (Hab 2.14 NVI), o el momento en que "se manifestará la gloria del Señor, y la humanidad entera la verá" (Is 40.5 RVC). Sobre todo, ansiaban la plena revelación de Dios en la forma del Ungido o Bendecido, el Mesías.

En Jesús, el cielo y la tierra se unieron literalmente. En Jesús, la creación se restaura a la intención original que Dios tuvo para toda la humanidad.

Los Evangelios dejan en claro que Jesús fue un ser físicamente humano. Nació de padres reales en el pueblo de Belén en tiempos en que Quirino gobernaba Siria, y fue parte de una larga herencia genealógica que se remonta hasta David. Los Evangelios describen a Jesús como una persona real de carne y hueso que compartió cada aspecto de la vida humana cotidiana. Comió, durmió y bebió. Lloró cuando supo de la muerte de Lázaro. Se enfureció con los mercaderes del templo. Luchó para dominar su temor en el jardín de Getsemaní. Experimentó la angustia de la soledad y el rechazo. Sufrió dolor físico intenso. Padeció una muerte humillante y dolorosa.

Sin embargo y al mismo tiempo, Jesús no fue un ser humano más. Después de todo, nació de una virgen. La naturaleza misma celebró su nacimiento mediante una estrella. Los coros celestiales asombraron a los pastores con himnos de alabanza. Durante su ministerio, Jesús desdibujó consistentemente la división entre el mundo físico y el espiritual. Realizó milagros de sanación física. Calmó las tormentas. Expulsó demonios. Dio de comer a multitudes con algunos peces y panes. Resucitó al que había muerto. Al final, ni siquiera la muerte pudo tener la última palabra. Después de tres días en la tumba, Cristo resucitó de la muerte, ministró a sus discípulos durante cuarenta días más y luego ascendió al cielo.

La inclinación humana ha sido siempre disolver o disociar el misterio de la encarnación. Con frecuencia tenemos la tendencia a convertir a Jesús en un salvador cósmico que no poseía un cuerpo en realidad, o queremos reducir a Jesús a un muy buen ser humano, como un héroe humanitario, pero no un ser que uno pueda confundir con Dios. No obstante, la tradición bíblica y cristiana no nos permite salirnos con las nuestras. La realidad de la encarnación nos exige vivir con la paradoja de un Dios infinito que se revela a la humanidad en la forma finita de un cuerpo físico.

* * *

Estos pensamientos sobre la encarnación pueden parecer muy lejanos a la realidad institucional de un director de escuela o las actividades diarias de un maestro de escuela. Sin embargo, las consecuencias de una teología de la encarnación son profundas para los educadores. En los próximos capítulos exploraré con mayor detalle el significado de la encarnación para los resultados pedagógicos y educativos. Por el momento, simplemente propongo cinco consecuencias específicas que este énfasis en la encarnación ha tenido para la tradición teológica anabautista menonita.

1. Debido a la encarnación, la creación importa
Una pedagogía cristiana con raíces profundas en una teología de la encarnación estará atenta al hecho de que el mundo natural es creación de Dios y no nuestra; que estamos íntegramente conectados con la naturaleza; y que, como mayordomos de la creación, nos acercaremos al mundo natural con una actitud de asombro, bendición, apreciación y bondad.

Desde el comienzo, la voluntad y los propósitos de Dios se han revelado en el mundo material, en la realidad física de la creación. Cuando llegó el Mesías, no llegó como una abstracción espiritual, sino en la forma tangible de un ser humano real. Esto significa que nuestros cuerpos, por limitados y débiles que sean, no son intrínsecamente malvados. Las cosas carnales tienen el potencial de hacer el mal, pero también poseen el potencial de revelar el carácter mismo de Dios. Por tanto, el modo en que tratamos a nuestro cuerpo y el cuerpo de otros es una parte crucial de nuestro testimonio cristiano en el mundo.

De manera similar, la salvación afecta nuestra relación con el mundo natural. Algunos cristianos han interpretado el mandato de Dios de "gobernar" o "ejercer dominio" sobre la tierra (Gn 1.26) como un argumento válido para tratar a la creación y sus recursos como cosas u objetos muy distintos de los seres humanos. Según este argumento, debido a que estos fueron creados por Dios (y no a través de la evolución), y ya que los humanos deben "ejercer dominio sobre la tierra" (y por lo tanto tienen derecho a extraer de ella todo lo que pueden), y porque nuestro verdadero hogar está en el cielo (no en las limitaciones de esta tierra finita), es lógico considerar al mundo natural como algo de valor estrictamente utilitario para los cristianos, una mera fuente de recursos que los humanos necesitan para prosperar.

El hecho de reconocer al mundo natural como la creación de Dios y de tomar en serio nuestra relación con la creación no es lo mismo que adorar la naturaleza ni sugiere que los humanos deberían dejar de utilizar los recursos naturales. Pero así como Dios está intentando redimir a la humanidad de las consecuencias de la caída, también está buscando restaurar nuestra relación con la creación a su integridad original, que Dios declaró "buena". Por lo tanto, los cristianos se comprometerán activamente con el cuidado del mundo que Dios creó y estarán dispuestos a participar, aunque sea solo simbólicamente o a pequeña escala, de hechos que ayuden a sanar nuestra enajenación de la creación de Dios.

Para el educador cristiano, esto significa que el mundo de la biología, la geología, la física, la astronomía y la química, el estudio del cuerpo humano en toda su complejidad, las capas de equilibrio ecológico conectadas de modo intrincado y que sostienen a la vida humana, y la maravilla de la indagación humana que dirige nuestra atención al mundo natural en todo su asombro y complejidad son encuentros latentes con la posibilidad de la revelación de Dios en la creación.

2. Debido a la encarnación, la historia importa

Así como la encarnación afirma que Dios está presente en la creación, o en el espacio, así también los cristianos creen que Dios se revela a la humanidad en la historia, o a través del *tiempo*. Como en la naturaleza, la realidad de la caída es la característica central de la historia cristiana: la presencia obstinada del pecado es demasiado evidente en las páginas de la historia humana. De hecho, el registro del pasado es tan sangriento que sería fácil suponer que la codicia, el egoísmo y la violencia son el motor mismo de la historia humana: los humanos se han escondido siempre de Dios, han estado siempre en guerra con otros seres humanos y han destruido siempre la creación.

Sin embargo, los cristianos son herederos de una historia poderosa que desafía dichas suposiciones. La realidad más profunda de la historia humana es que fuimos creados por un Dios bondadoso para vivir con Dios, con otros y con la creación en relaciones de confianza y armonía. De hecho, la totalidad de la historia bíblica es el registro de un Dios que llama fielmente a los humanos a volver a una manera de vivir que sea consistente con las intenciones originales de Dios: vivir en relaciones de confianza, armonía e intimidad. No podemos recuperar plenamente la perfección del Edén; aquello espera la consumación de la historia. Pero la Biblia registra la intervención activa de Dios en la historia e invita a los humanos a participar de las buenas nuevas del evangelio habitando esta historia más profunda, una narrativa contrapuesta a la del mundo, sostenida por la presencia viva del Espíritu Santo.

El corazón de la historia es sobre Dios, el creador del universo. Sin embargo, los detalles se expresan siempre de maneras concretas y particulares: en la respuesta de Abraham y Sara al llamado de Dios a depositar su confianza en él; en el relato del éxodo y la formación del pueblo judío, llamado por Dios a ser "una luz para las naciones"; en el regalo del pacto y la ley, resumidos en los Diez Mandamientos; en la promesa del Mesías que relataron los profetas; y sobre todo en la persona de Jesucristo, el Mesías, cuya vida, enseñanzas, muerte y resurrección revelan con mayor plenitud la naturaleza de Dios.

El don del relato —de la intervención activa de Dios en la historia humana— continúa con la formación de una nueva comunidad en Jerusalén en Pentecostés, y con el registro largo y enredado de la iglesia primitiva y sus sucesoras. Los anabautistas menonitas constituyen solo un pequeño episodio de este drama mayor de la manifestación visible de la iglesia en el mundo. No obstante, las historias que contamos de esa tradición —de bienes y posesiones compartidos libremente; del compromiso obstinado de amar aun a los enemigos; de la alegría frente al martirio; de dejar las tierras y el hogar por el evangelio— son todas parte del esfuerzo mayor de hacer oír la voz del drama de la encarnación.

Todos vivimos las narrativas que escuchamos a nuestro alrededor. Las historias son nuestro modo de encontrar sentido en el mundo. Nos brindan una explicación de cómo nosotros y el mundo llegamos a existir. Moldean nuestra comprensión de lo que significa ser humanos. Nos orientan en cuanto a lo que es verdadero, correcto y bueno. No debería sorprendernos que a los niños que han sido criados en familias dominadas por el abuso, el miedo y la ira, y cuyas historias están bañadas en conflictos, mensajes de fracaso y experiencias de una confianza colocada en lugares equivocados les cueste más generar vínculos que a aquellos niños cuyas historias están impregnadas de amor y fidelidad. Tampoco debería alarmarnos que las historias sutiles relatadas en propagandas, películas y la cultura popular modelen nuestra vida de maneras poderosas que con frecuencia apenas advertimos.

Es precisamente porque las narrativas que nos rodean nos moldean tan profundamente que los educadores cristianos deben estar extremadamente atentos a las historias que transmiten a sus alumnos. Los educadores menonitas deberían invitar regularmente a sus alumnos a pensar que son parte de la historia de Dios, creados por un Dios de amor para vivir en relaciones íntimas consigo mismos, con otros y con la creación, separados y divididos por la realidad del pecado, pero invitados a participar con Cristo en la sanación de un mundo fragmentado.

Los alumnos de escuelas menonitas aprenderán a entretejer sus propias historias con las historias más amplias de sus congregaciones, con la larga trayectoria de la historia de la iglesia y más allá de eso, con la narrativa fundacional de la presencia activa de Dios en la gran extensión de la historia humana.

3. Debido a la encarnación, la comunidad importa

Otra manera de hablar de la relevancia de la encarnación para la teología anabautista menonita es preguntar *cómo* se hace visible Jesús en el mundo actual. Para muchos cristianos, Jesús vino principalmente para morir por nuestros pecados. Dicen que lo que más importa es "aceptar a Jesús en tu corazón" y que así uno será salvo; todo lo demás es secundario para la "relación personal" con Cristo. Aunque la iglesia brinda un lugar de encuentro para la adoración, muchos cristianos creen que su propósito fundamental es "ayudarme en mi camino cristiano". El enfoque principal de la salvación de Dios —la obra de Dios en el mundo— está puesto en el individuo y en lo que sucede en mi "corazón".

Los anabautistas del siglo 16 tenían una perspectiva algo diferente sobre el rol de Cristo y la naturaleza de la salvación. En su vida, enseñanzas, muerte y resurrección, Cristo derrotó el poder de la muerte y de las fuerzas que dividen a unos humanos de otros. No invitó tanto a las personas a que lo "acepten en su corazón" como a aceptar el obsequio de la sanación física o mental, a participar de actos de hospitalidad radical o a compartir el amor de Dios con otros de maneras riesgosas y vulnerantes.

Por lo tanto, ser "salvos" significaba para los primeros anabautistas una transformación de corazón, mente y cuerpo que invitaba a los seguidores de Jesús a vivir en nuevas relaciones con otros, haciendo de la encarnación —el Verbo hecho carne— una realidad viva. "Yo soy la vid; ustedes son las ramas", les dijo Jesús a sus discípulos. "Los que permanecen en mí y yo en ellos producirán mucho fruto" (*cf.* Jn 15.5). Aquí la imagen es la de un organismo vivo, cada parte conectada profundamente con la otra por depender todos de la vid. Cada una genera activamente el fruto visible como evidencia de su relación con el Cristo viviente.

Aunque Cristo ya no esté presente físicamente en la tierra, está vivo, visible y presente en el mundo actual en cualquier lugar donde las personas se reúnan en su nombre y se comprometan a vivir en este tipo de relaciones (Mt 18.20). Pilgram Marpeck, un anabautista del siglo 16, describió cierta vez a la iglesia como la "prolongación de la encarnación". Quería decir que la encarnación no fue un acontecimiento que una vez sucedió. Más bien, Jesús permanece vivo y visible en el mundo actual dondequiera que los creyentes fieles encarnan sus enseñanzas en sus relaciones personales, entre sí y con sus prójimos.

Según enseñaban los primeros anabautistas, a través de su vida compartida, la comunidad de creyentes cristianos proclama al mundo la intención de Dios para toda la humanidad en la creación. En la iglesia cristiana, los recursos se compartían libremente y los pecados se confesaban y perdonaban abiertamente. Aquellos que tenían la autoridad no dominaban a los miembros más débiles; las barreras entre gentiles y judíos, esclavos y libres, hombres y mujeres eran derribadas, y todas las personas debían ser tratadas con dignidad y respeto. Esta nueva comunidad es "el cuerpo de Cristo", la "nueva creación" hecha visible al mundo (2Co 5.17).

Según los educadores cristianos, esta comprensión del evangelio nos exige estar atentos a nuestra vida en comunidad.

El modo en que nos tratamos puede ser tan importante para una educación basada en la fe como el contenido de nuestras enseñanzas doctrinales o la expresividad de nuestra adoración.

4. Debido a la encarnación, los individuos importan

Una teología de la encarnación nos recuerda que fuimos creados para relacionarnos y diseñados para la comunidad. Sin embargo, esto no significa que renunciamos a nuestra individualidad o que perdemos nuestra identidad. Al contrario, una vida cristiana moldeada por la encarnación crea la posibilidad de una identidad individual verdadera. En una cultura tan profundamente confundida en cuanto a lo que significa ser una persona íntegra, las escuelas anabautistas menonitas ayudarán a los alumnos a desarrollar fuertes identidades personales en las que el cuerpo, la mente y el espíritu estén plenamente integrados.

Como hemos visto, una consecuencia clara del pecado en el relato bíblico es el impulso humano de separar y dividir lo que Dios quiso que estuviera unido. Esta tendencia se manifiesta no solo en las sociedades humanas, en forma de egoísmo y violencia, sino más profunda y perniciosamente en las divisiones evidentes dentro de cada uno de nosotros. Una de las formas que esta división toma es la distinción clásica que hace frecuentemente la tradición occidental entre cuerpo y alma, o entre cuerpo, mente y espíritu. En la superficie, estas divisiones parecen tener mucho sentido. Todos tenemos realidades corporales originadas por imperativos biológicos. Tenemos que comer, dormir y hacer ejercicio; tenemos profundos deseos de intimidad física; somos conscientes de nuestras limitaciones corporales a través de la fatiga, la enfermedad o el envejecimiento; y en algún momento, moriremos. Al mismo tiempo, la mayoría de nosotros reconocemos que a los humanos no los gobiernan solo los instintos biológicos o las pasiones carnales. Tenemos la capacidad del pensamiento racional. Podemos analizar el mundo en el que vivimos, decodificar las misteriosas fuerzas de la gravedad, reconocer patrones en la naturaleza, desarrollar vacunas contra las enfermedades y hacer planes para el futuro. Más aún, sabemos que somos seres espirituales. Experimentamos los misterios del amor, la alegría y la esperanza; tenemos una profunda conciencia de la justicia y el orden moral; percibimos una coherencia en el mundo que desafía la explicación racional; ansiamos una relación con Dios.

La comprensión anabautista menonita de la encarnación rechaza la tendencia humana de separar o disociar estos aspectos de nuestra humanidad. Debido a que Dios está presente en toda la creación y porque en Jesús, Dios y la humanidad se unifican, nuestras identidades biológicas, racionales y espirituales se cimientan en la misma fuente dadora de vida. Debido a que cada ser humano es una persona con dignidad creada a imagen de Dios, con el aliento divino de vida, nuestros cuerpos nunca pueden considerarse solamente cosas. La encarnación nos invita a vivir profundamente en la paradoja de que cada uno de nosotros es un hijo único de Dios, una fusión asombrosamente compleja de un cuerpo viviente, una mente activa y un espíritu sensible, infinitamente precioso para Dios y para los que nos rodean.

En la tradición anabautista menonita, esta concepción ha llevado a la convicción inevitable de que los cristianos nunca pueden quitarle la vida a otro ser humano a propósito, aun si la nación —o nuestros instintos naturales— justificaran tal violencia. En los ambientes educativos, esto significa que los alumnos nunca son meros cuerpos que ocupan sillas en el aula, unidades que pagan la matrícula para ayudar a la institución a alcanzar el presupuesto o atletas cuyos talentos pueden darle gloria a la escuela. Tampoco son meras mentes que esperan ser llenadas ni realizadores de evaluaciones para capacitarse y pasar al siguiente nivel de estándares. En el mismo sentido, tampoco son meros seres espirituales a instruir en la doctrina correcta, almas a salvar o mentes a manipular hacia cierto estado emocional que en ocasiones confundimos con "ser espiritual".

Los educadores de escuelas menonitas se tratarán conscientemente entre sí y a sus alumnos como personas íntegras. Celebrarán el cuerpo, pero no lo adorarán. Celebrarán la mente, pero no como un fin en sí mismo. Celebrarán el espíritu, sabiendo al mismo tiempo que Dios se revela con mayor plenitud a los humanos en la forma del cuerpo físico. Dicha unidad de cuerpo, mente y espíritu refleja el carácter de la imagen divina dentro de cada uno de nosotros.

5. Debido a la encarnación, el mundo importa

Una última consecuencia de una teología anabautista menonita de la encarnación es nuestra relación con el resto del mundo. Los cristianos cuyas vidas han sido transformadas por Cristo y por la presencia viva del Espíritu Santo querrán inevitablemente compartir estas buenas nuevas con otros. Aquellos cuyas vidas son moldeadas por la narrativa de un Dios activo en la historia y que llama a la creación a volver a su propósito original querrán participar junto a Dios en la sanación del mundo.

La tradición anabautista menonita no siempre ha sido clara sobre su comprensión del mundo. Por un lado, seguir a Jesús es una elección activa y consciente de separarse de las ilusiones del egoísmo y la violencia para ser parte de la "nueva creación" en Cristo (2Co 5.17). El Nuevo Testamento está colmado de pasajes que describen la situación del cristiano y de la iglesia como "separados" del mundo; llamados a "no conformarse" al mundo (Ro 12.2) y hasta a despreciar las cosas del mundo (Col 3). Esta visión del mundo como malvado fue confirmada por los primeros anabautistas cuando enfrentaron el encarcelamiento, la tortura e incluso la muerte por su fe.

No obstante, existe otro tema en las Escrituras en el que el pueblo de Dios es llamado a *apartarse* del mundo para después ser *enviado* al mundo como agente de esperanza y sanación de Dios. A lo largo de toda la Escritura, Dios penetra aquello que en el mundo está quebrantado para poder restaurarlo a su integridad. Los hijos de Israel recibieron un llamado especial a ser "la luz para las naciones" (Is 49.6 NVI; Hch 26.23). Tanto amó Dios al mundo que quiso enviar a Jesús a traer las buenas nuevas, aunque esto significara que Jesús tuviera que sufrir y morir en representación del mundo (Jn 3.16). No sorprende que la reconciliación y la sanación hayan sido temas centrales en todo el ministerio de Jesús. Adonde él iba, en todos sus encuentros, Jesús buscó unir lo dividido y restaurar lo quebrantado o lo herido. Las instancias más obvias fueron los actos milagrosos de sanaciones físicas. Pero existen numerosos ejemplos de que Jesús trajo sanidad a mentes y espíritus heridos, ofreció vida nueva a los que estaban espiritualmente muertos, acercó a personas cuya relación estaba en conflicto, restableció la dignidad de aquellos que vivían en la vergüenza o en los márgenes de la sociedad respetada. Esto significa que los cristianos que son testimonio de un Dios encarnado no se retirarán del mundo en su búsqueda de pureza. Al contrario, en el transcurso de su vida diaria, se convierten en la encarnación visible de la presencia de Dios en el mundo.

La tradición protestante ha enfatizado fuertemente el poder de la palabra hablada en las misiones. Compartir o predicar el evangelio es una vocación especial de los que tienen el don de la oratoria. Esto no es poca cosa. Pero existe un testimonio aún más poderoso evidente en los hechos sorprendentes de los creyentes que integran la presencia reconciliadora y sanadora de Cristo a sus vidas cotidianas, convirtiéndose así en el cuerpo de Cristo que se hace visible en el mundo.

Dicha misión de reconciliación se expresa dramáticamente en la muerte y resurrección de Cristo. La Biblia no evita darnos detalles de la realidad del sufrimiento físico de Cristo, del dolor emocional de la traición y de la angustia espiritual de estar separado de Dios. Sin embargo, la parte realmente asombrosa de la historia del evangelio —la esencia de las buenas nuevas del evangelio— no es la crucifixión sino la *resurrección*. La tumba no pudo contener el cuerpo físico de Cristo, golpeado, crucificado, clavado y librado a la muerte. La resurrección es testimonio del hecho de que Dios, quien creó la vida, es más poderoso que las fuerzas divisorias del pecado y la muerte.

La educación en las escuelas menonitas debe preparar a los alumnos para este llamado a una vida de ministerio en el mundo: sanar a los enfermos, curar las heridas de los oprimidos, defender a los pobres y desposeídos, y confrontar como hizo Jesús a los tiranos, bravucones y enemigos con las buenas nuevas de la paz, la reconciliación y el amor.

Aquellos que transitan la tradición anabautista se involucrarán plenamente en el mundo, desafiando, invitando, modelando, sufriendo, vaciándose por el mundo, para que este también pueda participar de la alegría de la vida reconciliada que Dios quiso para toda la creación.

Conclusión

Nuestro mundo está colmado de personas quebrantadas, divididas, solas y enajenadas. En Jesús, Dios adoptó la forma humana: el Verbo se hizo carne. Las buenas nuevas del evangelio son que Jesús vino a derribar el "muro de hostilidad" (cf. Ef 2.14). Los cristianos son llamados a ser testigos de la encarnación. En este compromiso somos llamados a invitar a todos aquellos que estén quebrantados, divididos, solos o enajenados a la alegría de una vida nueva, nutrida por la vid de Cristo y que dé los frutos de la reconciliación y la integridad.

Las consecuencias de esta visión del evangelio se extienden a todas las áreas de la vida. Pero en las escuelas anabautistas menonitas serán especialmente evidentes en el etos de la cultura de la escuela, en el estilo de la pedagogía utilizada en el aula y en las expectativas comunes respecto a los resultados en los alumnos.

A estos temas nos dirigiremos ahora.

Crear comunidades de aprendizaje

El etos y las prácticas de una pedagogía anabautista menonita

"Era una persona bastante angustiada en la secundaria", me dijo una alumna de la universidad. "Al mirar atrás, veo que fue uno de los períodos más difíciles de mi vida".

Mi pregunta había sido abierta pero simple. Le había pedido que recordara algunos momentos de su paso por escuelas menonitas. Ella me aseguró que el séptimo y octavo grado habían sido manejables. Tenía sus amigas y pudo llevar bien sus estudios. Pero además luchaba con su angustia. "Todo lo que decía o hacía parecía estúpido. Vivía consciente y pendiente de todo lo que iba a hacer o decir". Pasar a la secundaria sólo magnificó su ansiedad. Un día de otoño de su noveno grado, las cosas llegaron a su punto máximo. Un incidente menor la llevó hasta las lágrimas. Como no quería que la vieran llorando, dejó impulsivamente el aula, encontró refugio detrás del edificio y se sentó entre unos arbustos, llorando en silencio. Apenas habían pasado unos minutos cuando vio dos pies gigantes frente a ella entre los arbustos y miró hacia arriba para ver al "abuelo" Troyer que la estaba mirando. El "abuelo" Troyer era un granjero jubilado que trabajaba hacía años en la escuela, en mantenimiento y en el cuidado del parque. Era un hombre grande y amable que conocía a todos los alumnos por su nombre y los saludaba cálidamente al llegar a la escuela cada día. Esta vez, sin decir una sola palabra, se sentó cerca de ella. "A veces está bien llorar un poco", le dijo. Cuando calmó su llanto, le preguntó en voz baja: "¿Estás preparada para volver a entrar?". Ella asintió; él la ayudó a levantarse y la acompañó hasta el aula. Al llegar, habló unas palabras breves con el maestro y ella se acomodó en su banco para continuar sus estudios.

"Él reconoció mi necesidad de espacio y silencio", recordó la joven. "Era exactamente lo que necesitaba en ese momento. Después, posibilitó que volviera a formar parte de la comunidad".

Quizás resulte extraño comenzar un capítulo sobre pedagogía anabautista menonita con el relato de una historia sobre un empleado de mantenimiento de una escuela secundaria. El abuelo Troyer no era un teólogo capacitado ni había estudiado teoría de la educación; de hecho, ni siquiera era un maestro de grado. Sin embargo, la escena que transcurrió fuera de la escuela aquel día de otoño puede brindarnos una idea de cómo las escuelas menonitas, cimentadas en la teología de la encarnación, pueden concebir la pedagogía.

La pedagogía (del griego, "guiar a un niño") es simplemente una reflexión consciente sobre la naturaleza de la enseñanza. La pedagogía comienza con la suposición de que la enseñanza es una habilidad que puede practicarse, evaluarse y mejorarse. El manejo del aula, la planificación curricular, las tareas bien pensadas, las técnicas para involucrar a los alumnos y las herramientas de evaluación son todos elementos de una pedagogía exitosa. Pero una pedagogía que surge de una perspectiva anabautista menonita va más allá de la técnica. La pedagogía incluye además el contexto mayor dentro del cual se desarrolla la educación: las actitudes no formuladas y las suposiciones que moldean la sensación de un aula o una escuela. La pedagogía del aula se expresa frecuentemente tanto en los gestos, hábitos y carácter de un maestro como en las estrategias formales de la enseñanza.

En esencia, la pedagogía anabautista menonita consiste en las relaciones entre las personas.

Desde los tiempos de la Grecia antigua, los maestros han intentado reflexionar cuidadosamente sobre el arte de enseñar, analizando todos los pasos complejos que aparecen en los procesos creativos del descubrimiento y el aprendizaje. Los teóricos de la educación han entablado debates feroces para dilucidar si el tema debería concentrarse principalmente en el maestro o en el alumno; si la pedagogía debería concentrarse en el contenido de la materia o en las habilidades; si el objetivo de la educación es conformarse a las convenciones de la sociedad o el pensamiento independiente; y si la enseñanza es neutral en cuanto a la trasmisión de valores o un emprendimiento moral consciente. Todos estos temas están apenas en la superficie. Cualquiera que haya leído algo de la amplia literatura sobre pedagogía sabe que un solo capítulo no puede abordar exhaustivamente todas estas preguntas interesantes y complejas, especialmente a la luz del hecho de que la Agencia Menonita de Educación tiene escuelas afiliadas que comprenden desde el prejardín de infancia hasta el seminario.

Por lo tanto, el objetivo de este capítulo no es brindar un resumen de la literatura sobre pedagogía ni una síntesis exhaustiva de los temas relacionados. Más bien, quiero resaltar simplemente algunos temas pedagógicos clave en coherencia con una teología cimentada en la encarnación y proponer ciertas características que pienso que deberían evidenciarse en todos los maestros de una escuela menonita.

Debido a que la enseñanza nunca se realiza en el vacío, dicha conversación comienza con el tema del etos, o *currículo invisible*, de una escuela anabautista menonita. Las fuerzas más poderosas que moldean nuestra enseñanza son frecuentemente aquellas que son menos explícitas —las suposiciones no dichas que se entretejen en la cultura institucional de nuestras escuelas. Si bien es apropiado que muchas de estas suposiciones se mantengan bajo la superficie, los directores y maestros de una escuela saludable no deberían dejar de tenerlas en cuenta. Dado que el currículo invisible es el suelo en el cual la pedagogía del aula echa raíces, el mismo debe cultivarse y atenderse cuidadosamente.

La segunda mitad del capítulo ofrece preguntas específicas respecto a una pedagogía del aula moldeada por las perspectivas anabautistas menonitas. ¿Cuáles son los hábitos, disposiciones o cualidades que los padres y alumnos esperan encontrar en las aulas o en los maestros de todas las escuelas afiliadas a MEA? Los argumentos de esta sección pueden estar más arraigados en los ideales que en la realidad, y es probable que no todos los lectores estén de acuerdo con dichos ideales. Sin embargo, espero que las características de una buena enseñanza que se sugieren a continuación sirvan como marco de referencia para continuar el debate vigoroso entre miembros de juntas, directores, maestros, padres y congregaciones sobre el tema crucial de la pedagogía en el contexto anabautista menonita.

El etos: el currículo invisible

Es fácil para un maestro pensar en el aula como su propio reino. Después de todo, el maestro moldea el currículo, pasa el mayor tiempo con sus alumnos, dirige las conversaciones, elabora las tareas, corrige exámenes y entrega las evaluaciones finales. Resulta tentador suponer que el tema de la pedagogía comienza y termina en los confines del aula.

Si bien el rol de cada maestro particular es importante —¡y es excesivamente importante!—, lo que sucede en el aula se desarrolla siempre dentro de un contexto mayor. Mucho antes de que los maestros arman los planes de estudios o se encuentran con sus alumnos por primera vez, otro currículo —aquel que puede llamarse el currículo invisible— ya está instalado, dando la pauta de todo lo que sucede en el aula.

Por su misma naturaleza, el currículo invisible nunca es fácil de definir o evaluar, lo cual lo hace mucho más poderoso. Moldeado por una larga historia de decisiones, prioridades y patrones en las relaciones, el etos de una escuela tiene muchas capas complejas e interrelacionadas que no pueden expresarse plenamente en un folleto de propaganda o en el texto de una declaración de visión o misión. Es mucho más difícil saber quién es el responsable del currículo invisible de la escuela, aunque sean los maestros quienes califican a los alumnos y los directores quienes se encargan de los horarios y los presupuestos. Sin embargo, cada institución tiene un etos colectivo —una cultura general— que crea un ambiente compartido y da la pauta de todo lo que sucede dentro del aula.

Algunos aspectos del etos son bastante obvios. Por ejemplo, ¿existen en la escuela normas que rigen la forma de vestir? ¿Cuáles son los criterios en cuanto a la conducta? ¿Qué materias son obligatorias para todos los alumnos? ¿Cuál es el estilo de las asambleas y las capellanías? ¿Cómo se exigen las medidas disciplinarias? ¿Cómo se da la comunicación entre directores y maestros o entre la escuela y los padres? Las respuestas a estas preguntas permiten comenzar a vislumbrar el etos de la escuela.

Sin embargo, el currículo invisible de la escuela es frecuentemente más sutil y difícil de definir. ¿Cuál es la "sensación" social de la escuela? ¿Es la cultura de los alumnos amigable o esnob, abierta o exclusivista? ¿Cuáles son las actitudes de los profesores y los alumnos hacia el aprendizaje? ¿Están verdaderamente entusiasmados o solo ocupan el tiempo? ¿Son altas o bajas las expectativas hacia los alumnos? ¿Cómo es la colaboración mutua entre maestros? ¿Cómo son las relaciones de la escuela con los pastores y congregaciones que la apoyan? ¿Cuál es el nivel deportivo de la escuela? ¿Cuál es la conducta aceptable para los aficionados que acompañan a los equipos deportivos? Todas estas cualidades moldean el ambiente dentro del cual la enseñanza y el aprendizaje se desarrollan.

Quizás no sea razonable esperar un acuerdo en todos los aspectos del currículo invisible de las escuelas menonitas. Pero como punto de partida para esta conversación sugiero tres características —cada una de las cuales surge directamente de

una teología de la encarnación— que deberían estar presentes
en todas las comunidades anabautistas menonitas de aprendizaje. Los directores interesados en evaluar el currículo invisible de sus escuelas podrían comenzar por preguntarles a
los nuevos si perciben estas cualidades como evidentes en la
cultura establecida de su institución.

Una cultura de adoración

En primer lugar, el currículo invisible de las escuelas anabautistas menonitas debería moldearse mediante un clima de
adoración. En un principio podría sonar extraño hablar de
adoración en el contexto de la pedagogía, especialmente en
cualquier escuela que no sea un seminario. Después de todo,
las escuelas menonitas no son iglesias, e incluyen a alumnos
que quizás no abracen la fe cristiana ni compartan los valores
establecidos por las creencias y prácticas anabautistas menonitas. Además, los padres esperan que en la escuela sus hijos
aprendan lectura, escritura, biología, sociología e historia, y no
que pasen el día entero en adoración. Estaría bien una cape-
llanía de unos 30 minutos, una clase o dos sobre la Biblia o incluso una oración ocasional en el aula, pero por lo general no
pensamos en las instituciones educativas principalmente como
lugares de adoración.

Esta respuesta escéptica tiene sentido si, como muchos
cristianos, pensamos en la adoración principalmente como
algo que sucede durante dos horas los domingos por la mañana en un edificio de la iglesia o en otros actos conscientes
de oración o piedad. Pero si la teología anabautista menonita
es verdaderamente encarnacional, nuestras escuelas deberían
resistir la tentación de separar la adoración formal de la vida
diaria. Debido a que Dios es la fuente de toda la creación y que
cada uno de nosotros está creado a imagen de Dios y respira
el aliento del Espíritu divino, es apropiado encuadrar *todo*
nuestro trabajo como una expresión de adoración.

La adoración no es tanto una acción como una manera de

ser, entretejida en los hábitos y la conciencia de la comunidad entera que está continuamente atenta a la presencia viva de Dios en el mundo. La adoración se manifiesta en el currículo invisible no solo en los gestos formales de la oración, las canciones, la predicación y los retiros, sino también en las pequeñas cosas como los hábitos diarios de silencio, la memorización de las Escrituras, la repetición del Padrenuestro, el colgar cuadros con frases y versículos o colocar íconos en el entorno.

Estar atentos a la posibilidad de que la adoración esté en todo lo que hacemos puede controlar el impulso de nuestra cultura de pensar que la educación es principalmente una empresa intelectual. La educación en las escuelas públicas se concentra en las habilidades cognitivas: ser más inteligentes, incorporar más información y cultivar ciertas habilidades críticas, técnicas o analíticas. Aun los educadores cristianos encuadran su trabajo en torno a los resultados cognitivos: conocer más acerca de la Biblia, aprender las doctrinas de la fe o desarrollar argumentos cristianos que puedan hacerles frente a las personas ateas de nuestra cultura. No obstante, desde los tiempos de San Agustín en los siglos 4 y 5, los cristianos también han reconocido que a un nivel muy profundo nos moldean tanto nuestro corazón como nuestra cabeza. En última instancia, no es el pensamiento cognitivo lo que anima nuestras pasiones, sino nuestros deseos, las emociones del corazón. Aquello que deseamos y amamos siempre tiene un propósito. De manera que la primera pregunta para los contextos educativos no es qué *aprenderemos* sino qué *amaremos*. ¿Cuál será el foco o el objeto de nuestros afectos?

Agustín también sabía que el objeto de nuestros afectos puede confundirse fácilmente. Los humanos están inclinados por el pecado hacia los "deseos desordenados". Las Escrituras están colmadas de historias en las que el pueblo de Dios se desvió al adorar a las cosas equivocadas —a dioses e ídolos falsos. Esto es tan cierto hoy como en el pasado. Nos sentimos constantemente tentados a hacer de las cosas equivocadas el mayor objeto de nuestros deseos. Así, por ejemplo, sin intención, los padres pueden convertir a sus hijos en el objeto de su adoración. Los alumnos pueden hacer de la tecnología interactiva, la condición social o una carrera prometedora el foco principal de su deseo. Las escuelas pueden permitir que la seguridad económica, los proyectos edilicios, el renombre musical o los programas deportivos se conviertan en sus dioses.

El objeto de nuestro deseo colectivo moldea poderosamente el currículo invisible que le da la pauta a la pedagogía en el aula. ¿Cómo sería para las escuelas de la tradición anabautista menonita tener como objeto principal de su deseo el ansia de Dios? ¿O ansiar las relaciones cimentadas en la dignidad y la confianza? ¿O buscar las prácticas que tratan a la creación de Dios con respeto? Enmarcar nuestras prioridades de esta manera crea un clima en el que todas nuestras actividades tienen el potencial de ser expresiones de adoración.

Para moldear el etos de una institución, casi siempre se comienza con un compromiso consciente por parte de la junta y los directores administrativos. El etos se expresa generalmente en diversas acciones visibles y formales: compromisos explícitos en una declaración de misión o visión; el enfoque en temas durante retiros de junta o de maestros; referencias claras a estas prioridades en los contratos con los profesores y empleados; conversaciones en los pasillos, editoriales en el periódico escolar, o en los boletines administrativos que se envía a los miembros constituyentes. La reflexión intencionada sobre el trabajo como adoración puede moldear los temas tratados en las capellanías, las reuniones de profesores o los retiros de servicio. El objetivo de todo esto no es quedarse en estereotipos cansadores (denominados en ocasiones "hablar de Dios"), ni forzar una oración obligatoria antes de cada clase ni confundir las referencias a Dios con una postura de adoración. Pero unificar las prácticas diarias con recordatorios visuales y el ritmo comunitario de las capellanías o las oraciones matutinas o vespertinas moldean un etos orientado hacia la adoración.

De esta manera, participamos de una pedagogía de *deseos ordenados correctamente* que nos ayuda a restringir nuestra lealtad a otras cosas —deportes, música, teatro, logros académicos— e invita a todos los miembros de la comunidad a compartir el misterio de "orar sin cesar" (1Ts 5.17).

Atender la tradición

Otro elemento significativo del currículo invisible —las suposiciones formadoras que moldean el etos y la pedagogía de la escuela— son las historias que definen a la comunidad de una escuela. Las escuelas, como las familias, tienen una identidad colectiva que va mucho más allá de la folletería colorida, una deslumbrante infraestructura nueva o la oratoria de los directores de la escuela. Dicha identidad se forma, se transmite a los alumnos nuevos y pasa a las generaciones sucesivas en forma de relatos.

Recorra los pasillos de casi cualquier institución educativa y préstele atención a lo que ve. Las cosas que se ven en los espacios públicos hablan de las historias que para la institución son más importantes. Frases, obras de arte de los alumnos, fotos del pasado, trofeos de logros deportivos, nombres de patrocinadores generosos.

Las historias que albergan estos marcadores visuales afectan nuestra pedagogía porque lo que los alumnos aprenden casi siempre está moldeado por una tradición más profunda y grande que lo que se evidencia inmediatamente en el aula. Los elementos más básicos de esa tradición en las escuelas menonitas surgieron de las historias bíblicas —los relatos antiguos de los hechos grandiosos de Dios y su brazo extendido en la historia que culminaron en la vida, las enseñanzas, la muerte y la resurrección de Jesús, y continúan manifestándose en la vida cotidiana de los cristianos de la actualidad. Aunque estas historias antiguas pueden resultarles muy familiares a aquellos que se han criado en un hogar cristiano, los seres humanos son en realidad bastante desmemoriados. De hecho, el Antiguo

Testamento está colmado de advertencias para crear recordatorios físicos de la historia de Dios como una manera pública
de marcar la memoria y la tradición. Las pilas de piedras, los
tallados en los umbrales de las puertas y aún la marca de la
circuncisión servían como recordatorios visibles y tangibles
para los hijos de Israel de que Dios había estado obrando en
sus vidas, de que ellos participaban de una historia mucho más
profunda que su momento presente y de que tenían un rol activo en el desarrollo de la historia.

Los cristianos no son diferentes en la actualidad.
Necesitamos recordatorios periódicos de las historias y tradiciones más profundas que nos sirven de ancla en medio del
cambio constante y la presión de los desafíos. Al repetir las
historias de las Escrituras, nos anclamos dentro de la historia
más amplia de Dios.

Al mismo tiempo, nuestras escuelas son también parte de
una tradición más específica dentro de la historia mayor de
Dios. Recordar las historias de la fidelidad de los hombres y
mujeres anabautistas o menonitas de nuestra historia como
"encarnaciones" particulares de la presencia de Dios en el
mundo también moldea el etos de nuestras escuelas. Nuestras
escuelas deberían cultivar un recuerdo vivo de la historia
anabautista menonita, al igual que sus raíces profundas en
la historia cristiana general. Deberíamos contar las historias
de fidelidad anabautista en medio de la persecución y el sufrimiento. Deberíamos recordar sus numerosas migraciones
como "peregrinos y extranjeros", agradecidos por la libertad
de adorar y trabajar en paz, pero siempre dispuestos a irse si
la nación consideraba que su compromiso con la no violencia
era una amenaza para la seguridad nacional. Debería haber
historias de agradecimiento por las bendiciones de Dios, junto
con confesiones por el egoísmo y la avaricia. Debería haber
historias de cómo la tradición anabautista menonita se espar-
ció más allá de los confines de la cultura y la etnicidad para
que la abrazaran otros cristianos de todo el mundo —de modo

tal que el movimiento que comenzó en Europa y prosperó en América del Norte crece ahora más rápidamente en los continentes de África, Asia, Oceanía y América del Sur. Debería haber historias de la gracia y el juicio de Dios, de fidelidad y fracaso, de comunidad y conflictos —todos hilos cruciales entretejidos en el telar del currículo invisible.

Un currículo invisible atento a la tradición también necesitará incluir las historias de la propia institución. ¿Por qué se formó la escuela? ¿Quiénes fueron los pioneros y héroes de la fe relacionados con sus comienzos? ¿De qué manera se reformuló y transformó su visión a través de los años? ¿Cuáles fueron los momentos de mayor conflicto e incertidumbre, de triunfo y éxito? Cada uno de nosotros recibe el pasado como un don. Por lo tanto, debemos preguntarnos: ¿cuáles serán nuestras contribuciones a la historia? ¿Qué dones les transmitiremos a las próximas generaciones?

Contar las historias de una escuela no es solo un asunto de orgullo institucional, sino una manera de expresar concretamente un sentido más profundo de memoria comunitaria. Al contarse, las historias con raíces en la historia de Dios y la tradición anabautista menonita, y pasadas de una generación a otra, se transforman y se renuevan.

Sin lugar a dudas, contar las historias de una tradición de fe particular va en contra de la cultura moderna, que prefiere lo general y lo genérico por sobre lo particular. Además, concentrarse en estas historias puede hacer que los que no pertenecen a una congregación menonita se sientan excluidos. Sin embargo, como sugerí anteriormente, la particularidad de la identidad no es una opción. Cada escuela, como cada congregación, tendrá siempre una colección de convicciones, historias y límites que conformarán su identidad teológica. Pero si la particularidad de la identidad no es una opción, sí se puede escoger qué historias relatar sobre uno mismo. La mayor expresión de hospitalidad que una escuela puede manifestarles a los nuevos es transmitir de modo amable y cautivador los temas centrales de su tradición. Por definición, las escuelas afiliadas a MEA escogen asociarse a la tradición anabautista menonita. El etos de estas escuelas debe ser uno tal que permita contar las historias de fidelidad cristiana de la tradición anabautista menonita con libertad y confianza, y no en un estilo triunfalista, sino con claridad y entusiasmo.

Como en el caso de la adoración, recordar las historias que moldearon la tradición también requiere atención y una planificación bien pensada. Las clases de Biblia y los programas para las capellanías son dos espacios obvios para transmitir estas historias, junto a los rituales de bienvenida y despedida, los aniversarios que estructuran los ritmos del ciclo lectivo, las ocasiones especiales enfocadas en el pasado y los eventos que honran a alumnos egresados invitándolos a contar su historia. Pero también existen maneras de atender la tradición en el contexto del aula. Los temas de los carteles expuestos en las carteleras, la selección de lecturas o temas de investigación y las conversaciones espontáneas que se comparten en el aula también contribuyen a la atmósfera general de la escuela.

¿Cuáles son las tradiciones que se entretejen en el etos de su escuela? Esté atento a las historias que cuenta porque están moldeando su pedagogía aunque usted no sea consciente de ello.

Una comunidad que negocia: diversidad, conflicto y reconciliación

Un componente final del currículo invisible —el contexto compartido que moldea la pedagogía áulica en las escuelas anabautistas menonitas— es la compleja red de personalidades, políticas, recuerdos y relaciones que une a alumnos, profesores, personal y directores en una comunidad de aprendizaje. Toda escuela tiene un conjunto de documentos legales que constituyen a la institución en una corporación. La mayoría de las escuelas tiene además manuales que resumen la misión, la visión y los objetivos; definen los procesos de contratación y determinan las políticas para el personal. Todas las escuelas tienen un conjunto de edificios y un predio —un espacio físico—, además de una junta educativa, un equipo administrativo, un cuerpo docente y personal. Todos estos componentes son elementos cruciales para la identidad de la escuela. Pero lo que hace de la escuela una comunidad viva es más que la suma de estas partes.

Comunidad es una de esas palabras que seguramente aparecerá en los folletos de propaganda de todas las escuelas y en sus afiches de captación. Toda escuela imagina que es una comunidad. Sin embargo, la realidad de la vida compartida nunca es tan prolija como la palabra sugiere. Lo cierto es que las cualidades que hacen que las comunidades sean fuertes, saludables y dinámicas no son simples de orquestar ni definir. La comunidad se vive y se experimenta, pero nunca se puede reducir realmente a una fórmula.

En el contexto de una escuela cristiana, la comunidad comienza con el compromiso de participar en un conjunto complejo de relaciones superpuestas, algunas de ellas formales (por ejemplo, los contratos con los maestros, el plan de estudios, el boletín de calificaciones), pero muchas informales (conversaciones de pasillo con colegas, miembros de la junta que reúnen dinero para un proyecto de construcción, un alumno que busca ayuda para alguna tarea, un especialista en tecnología informática que intenta arreglar su computadora). Dichas relaciones se construyen lentamente con el tiempo. Están condicionadas profundamente por las experiencias pasadas y los recuerdos, pero también son siempre dinámicas y abiertas al cambio. Las suposiciones sobre la calidad de todas estas relaciones en una escuela —cómo se trata a los alumnos, cómo se resuelve el conflicto, la disposición que tienen las personas para colaborar— son importantes para el currículo invisible.

La vida en comunidad sería fácil si todos tuvieran una historia similar, si compartieran los mismos gustos y valores, si tuvieran talentos y habilidades iguales, y si nada cambiara.

Sin embargo, ¿quién querrían vivir en una comunidad así? En realidad, nos encontramos en relaciones con personas muy diferentes a nosotros. De hecho, la mayoría de las escuelas celebran explícitamente la diversidad racial, cultural, económica y religiosa como algo positivo. Además, el contexto de nuestro trabajo está cambiando constantemente, lo cual requiere que las comunidades se adapten y cambien para responder a las transformaciones. Esto significa que las comunidades saludables siempre tendrán que equilibrar la inevitable diversidad de las diferencias individuales y la realidad constante del cambio con un sentido más profundo de coherencia y un compromiso común con un todo mayor. ¿Qué es lo que une a todo? ¿Qué mantiene a las comunidades unidas en torno a una misión y un propósito en común?

La respuesta habitual en el contexto político norteamericano es la noción de los derechos individuales y la igualdad ante la ley. En el contexto escolar esto significa tratar a todos los individuos por igual de acuerdo a las normas establecidas de la institución. No obstante, si bien las normas claras son importantes para conservar relaciones saludables, una comprensión cristiana de la comunidad trasciende los principios de justicia y los derechos. Jesús señaló este punto en el sermón del monte (Mt 5-7) al contrastar los principios legales de justicia heredados de la tradición judía (por ejemplo, "ojo por ojo y diente por diente") con las cualidades de las relaciones que él imaginaba para la comunidad nueva que estaba iniciando. Aquí, las relaciones de amor, misericordia, generosidad y perdón superaron los principios fijos de darle a cada uno su merecido.

Una imagen clave de comunidad que ofrece el Nuevo Testamento es la de un cuerpo, un organismo vivo que respira y en el que muchas partes diferentes y diversas trabajan juntas por los intereses del todo (1Co 12; Ef 4.11-16). En 1 Corintios 12, Pablo insiste en que son los miembros más débiles del cuerpo los que merecen atención especial (12.23). Los ligamentos o el pegamento que mantiene unida toda esta diversidad no son lo políticamente correcto ni un compromiso esclavizante con la igualdad según la define la ley. Más bien, una comunidad cristiana se mantiene unida por un compromiso común con Cristo, en quien "ya no hay judío ni griego, esclavo ni libre, hombre ni mujer" (Gá 3.28), y por el lazo común del Espíritu Santo.

Por cierto, las escuelas menonitas no son iguales que las congregaciones. Los alumnos tendrán inevitablemente niveles muy variados de compromiso con la fe cristiana, y ninguno de nosotros fue bautizado para la membresía de la iglesia en las escuelas donde trabajamos. Pero los directores, los maestros y el personal de las escuelas menonitas deben asumir el compromiso de vivir en relaciones cristianas.

Reconocer y celebrar esta unidad en Cristo no es negar ni ignorar las diferencias. Sugiere un compromiso común de ver al otro como hijo de Dios en primer lugar y no como un representante de alguna categoría social, cultural o racial. Supone que en nuestras relaciones con otros —al trabajar, disfrutar de la recreación, adorar, cantar y compartir— nos tratamos con compasión y como personas íntegras, creadas a imagen de Dios. Esto significa que trataremos a todas las personas con las que nos encontramos con dignidad, no como cuerpos ni objetos, sino como portadores de la imagen de Dios y del aliento divino. Significa que las escuelas menonitas estarán especialmente atentas a los individuos y grupos que se sienten marginados. Las escuelas menonitas lucharán contra los patrones del patriarcado, que otorgan privilegios especiales a los hombres, y contra las estructuras profundas del racismo que les garantizan el privilegio a los blancos, aunque estas dinámicas sean frecuentemente invisibles.

El etos de la comunidad también se moldea profundamente por el modo en que sus miembros resuelven los conflictos. Las perturbaciones a la armonía de la comunidad nos rodean. La diversidad, el cambio y el desequilibrio son inevitables. En las escuelas, esto puede adoptar muchas formas: el surgimiento de diferencias doctrinales en las congregaciones que sustentan a la escuela; el embarazo de una alumna de quince años; un flujo de alumnos que no hablan inglés como primer idioma; profesores que no concuerdan con el abordaje a la disciplina; directores que parecen favorecer un departamento por sobre otro; la planificación cuidadosa del presupuesto que se derrumba por la baja matrícula; un profesor muy querido que renuncia inesperadamente; un grupo de alumnos menores de edad arrestados por consumo de alcohol; un alumno talentoso que jaquea el sistema de calificaciones computarizado; una broma aparentemente inofensiva que dispara el sistema de alarma y extinción de incendios, causando daños por miles de dólares. La manera en que la junta educativa, los directores, los profesores y el personal responden a las realidades de la diversidad y el conflicto es crucial para el etos de la escuela. Todo ello moldea una parte importante del currículo invisible.

Las comunidades saludables están llenas de personas que expresan sus pensamientos con honestidad y tienen el coraje para actuar con claridad y decisión. Los mártires anabautistas no eran pusilánimes en absoluto. Al mismo tiempo, el compromiso de la tradición anabautista menonita con la no violencia también se extiende a las relaciones. Es posible dar testimonio de nuestras visiones de la verdad de maneras que no menosprecien ni disminuyan la dignidad del otro. En Mateo 18, Jesús explica un proceso para la disciplina que es restaurador. Las diferencias se reconocen abiertamente, pero siempre en un espíritu de amor, reconociendo que la percepción propia puede ser defectuosa y con el objetivo de restaurar las relaciones (Gá 6.1-2).

Esto no siempre es fácil de comprender. El compromiso de nutrir comunidades saludables requiere asumir riesgos y ser vulnerable, junto a la disposición de pedir y recibir perdón. Las actitudes de empatía y compasión son conductas que se aprenden. Necesitan enseñarse, modelarse, reforzarse y practicarse. Pero el compromiso con la comunidad es en última instancia una expresión visible de la presencia encarnada de Dios que irrumpe en un mundo quebrantado. Participar de una comunidad es compartir la redención de la creación.

* * *

No es fácil hablar del currículo invisible por estar tan profundamente entretejido en los ritmos de la vida diaria. Sin embargo, una *postura de adoración*, atender la *tradición* y las *relaciones de una comunidad saludable* moldean profundamente la enseñanza y el aprendizaje que se da en nuestras escuelas.

¿Qué revelaría un análisis institucional de su currículo invisible?

Prácticas pedagógicas: encarnar la virtud en el aula

Si alguna vez desea iniciar una conversación animada en una cena o fiesta, pídales a los presentes que recuerden a su maestro favorito y compartan una historia o dos que capten la esencia de lo que hizo que dicho maestro fuera tan especial. Todos tendrán algo que compartir. Es probable que en los recuerdos aparezcan algunos elementos en común, aunque las historias pertenezcan a vivencias de la primaria, la secundaria o la universidad.

Durante miles de años, filósofos griegos, rabinos judíos y personas comunes han debatido sobre las características de los grandes maestros. El debate continúa. Los teóricos de la educación no han establecido el consenso total sobre cuáles serían estas características ni han resuelto la pregunta de si estas cualidades pueden aprenderse o si son simplemente intrínsecas a la personalidad de un gran maestro. No obstante, reflexionar sobre los profesores que nos traen buenos recuerdos abre una conversación importante en cuanto a la naturaleza de las buenas prácticas pedagógicas en el contexto educativo anabautista menonita.

A continuación no me dirigiré a las controversias actuales sobre metodologías áulicas específicas —por ejemplo, los debates sobre la mejor manera de enseñar a leer ni los méritos relativos de los abordajes deductivos frente a los inductivos al enseñar matemática. Seguramente estas son conversaciones importantes, pero nuestro objetivo es concentrarnos en aquellas cualidades de la enseñanza que sean consistentes con las convicciones anabautistas menonitas y puedan aplicarse a un amplio abanico de ambientes educativos.

Dichas cualidades se aprenden. No son simplemente dones divinos concedidos a unos pocos con suerte, mientras que los demás estamos confinados a la mediocridad pedagógica. Sin embargo, las características de los buenos maestros se comprenden si se presentan como disposiciones en lugar de como metodologías o técnicas. Una disposición es un hábito cultivado: una atención practicada a un modo de vivir que se repite tantas veces que se desdibuja la distinción entre hábito y acto consciente. Las disposiciones tienen que ver con la cualidad del carácter que hace que nos inclinemos (o que nos "dispone") a actuar de cierta manera. Cultivar las disposiciones requiere intencionalidad y práctica. Las disposiciones se forman lentamente con el tiempo y se practican en el contexto de una comunidad mayor de personas que también están comprometidas a nutrir las mismas cualidades en su vida hasta que con el tiempo se convierten en hábitos que parecen naturales o casi naturales.

Piense en las disposiciones pedagógicas como análogas a las habilidades de un atleta talentoso. La excelencia en atletismo siempre comienza con un nivel básico: observamos a otros desenvolverse hábilmente en un deporte y nos sentimos inspirados a comenzar a practicar. Si queremos ser buenos en algún deporte, tendremos que comprometernos a un entrenamiento enfocado y disciplinado, tanto por nuestra cuenta como en manos de entrenadores talentosos. Nos sometemos a horas de práctica, algunas de las cuales implican repetir ejercicios que no son necesariamente naturales para nosotros. Hacemos todo esto en compañía de otros que también están comprometidos a lograr la excelencia. En el camino, podremos estudiar la historia de nuestro deporte, invertir horas de lectura sobre jugadores grandiosos y debatir con nuestros colegas sobre los detalles del juego. Podemos estudiar un libro sobre el deporte u observar atentamente desde los laterales. Pero más que nada, aprendemos con la práctica de este deporte. Los grandes jugadores están siempre intensamente atentos a las dinámicas del deporte y aprenden sobre la marcha, preguntándose constantemente cómo pueden mejorar. Si sostenemos el régimen de entrenamiento y competimos con regularidad, reconocemos lentamente que aquello que parecía imposible al comienzo, ahora parece casi automático. Ciertos movimientos, reacciones o gestos se convierten en naturales, como si los hubiéramos estado haciendo toda la vida.

Las disposiciones que hacen a la excelencia pedagógica en las escuelas menonitas se cultivan de manera similar. La diferencia entre los grandes maestros y los maestros mediocres no es tanto una cuestión de meros dones, sino más bien una disposición a comprometerse conscientemente con las prácticas y los hábitos que hacen a la excelencia en la enseñanza. Por cierto, no todos los individuos exhibirán todas las cualidades de un gran maestro en igual medida. Sin embargo, es razonable esperar que todos los maestros se comprometan con la excelencia pedagógica y evaluar su evolución hacia dicho objetivo.

La lista de disposiciones pedagógicas específicas que identifico a continuación no es exhaustiva. Tampoco son características que se encuentren exclusivamente entre los maestros de escuelas menonitas. Pero resultan naturalmente de una teología enraizada en la encarnación y son consistentes con un currículo invisible comprometido con la adoración, la tradición y la comunidad.

Los maestros que modelan estas disposiciones en sus encuentros cotidianos con sus alumnos no solo crean un contexto para el aprendizaje de la materia que los convoca, sino que también invitan a sus alumnos a cultivar disposiciones similares, lo cual mejorará su aprendizaje por el resto de sus vidas.

1. *La curiosidad: humildad que busca comprender*

Los maestros de las escuelas anabautistas menonitas modelarán una pedagogía de la curiosidad. ¿Por qué el cielo es azul? ¿Por qué cantan los pájaros? ¿Qué pasa cuando el agua se congela? Estas preguntas pueden parecer obvias y básicas, y por supuesto que no es necesario estar en una escuela cristiana para encontrar las respuestas. Sin embargo, la curiosidad hace surgir estas y miles de otras preguntas que no deben pasar inadvertidas. La disposición de la curiosidad implica una conciencia de la amplitud y profundidad de nuestra ignorancia, al igual que una actitud de asombro hacia la creación y el ansia de conocer aún más. Un maestro curioso reconoce la complejidad del mundo en todas sus dimensiones —natural, social y espiritual— y no teme reconocer los límites del conocimiento, debido a que este es solo el principio de un conocimiento más profundo.

Uno podría ver la educación principalmente como una transferencia de información de un maestro o un libro de texto a un alumno, o como una serie de habilidades específicas que se enseñan de un modo claramente prescrito. Pero la curiosidad genuina supone que todos —maestros y alumnos por igual— estamos involucrados en un proceso continuo de indagación. Por cierto, los maestros tienen mayor capacitación y conocimiento que los alumnos, y tienen un mayor número de recursos a su disposición. Sin embargo, más allá de la frecuencia con que un maestro aborde un tema en la clase, siempre habrá más por descubrir. Además, siempre existe la posibilidad adicional de tratar un tema similar con otra combinación de alumnos, quienes traen experiencias y perspectivas nuevas a la conversación.

Una pedagogía de la curiosidad modela la humildad cristiana al manifestar claramente que los humanos aún no han abarcado la plenitud de nuestro universo maravillosamente complejo. En este sentido, la curiosidad hace honor a la encarnación. Reconoce que Dios está siempre latente en la creación, esperando revelarse. Pero dicha revelación nunca se completa ni está totalmente a nuestro alcance. Nuestro conocimiento es siempre finito, siempre limitado. Detrás de cada respuesta existen aún más preguntas. En la riqueza de la creación de Dios hay siempre más por aprender.

Una pedagogía de la curiosidad reconoce que aprender a hacer buenas preguntas puede ser tan buen medidor del éxito educativo como poseer muchas respuestas correctas. Esto no debe confundirse con un desprecio por la información fáctica o con una noción relativista de que todas las respuestas son más o menos correctas. En mi propia disciplina, la historia, el tiempo invertido en el estudio de los hechos básicos es un primer paso crucial para aprender a pensar como historiador. La búsqueda de la verdad nos dirige a una comprensión más profunda del modo real de ser de las cosas. Pero la simple alineación de los hechos o la memorización de la información no es el objetivo último de la educación cristiana. En nuestra era de la información, los alumnos están siempre a unas pocas pulsaciones del teclado de encontrar información fáctica básica en Google o Wikipedia. El desafío más grande e infinitamente más interesante es la capacidad de hacer las preguntas que yacen debajo de la información fáctica, en las complejidades e interconexiones que unen las maravillas de la vida.

2. La razón: celebrar el don de la mente

Nuestro sentido de la curiosidad y el ansia de respuestas encuentran orientación y disciplina en el don de la razón que Dios nos concede. La disposición a cultivar las cualidades racionales de nuestra mente reconoce la mano de Dios detrás del orden de la creación; un orden que en ocasiones está escondido pero que está presente para aquellos que lo buscan con paciencia. La razón indaga bajo el caos aparente de nuestra vida diaria y busca los patrones de interconexión que yacen frecuentemente bajo la superficie. Dios nos ha dado la mente para explorar las maravillas de la creación: para sondear las extensiones del espacio, para investigar el mundo complejo de una célula simple, para indagar en los misterios de las interacciones moleculares, para discernir los asombrosos patrones de la matemática, para explorar el milagro de la mente y el cerebro, para luchar con los interrogantes profundos de la teología. A veces pensamos que la razón es el foco de las ciencias duras —la matemática, la física, la biología o la química. No obstante, la razón es relevante para todas las disciplinas, incluso para el estudio bíblico y la ética cristiana. Con el uso de la evidencia y la lógica, la razón nos guía a una comprensión más profunda del mundo.

Nuestro impulso humano es actuar de acuerdo a nuestros instintos y pasiones. No obstante, tenemos además la capacidad para el pensamiento abstracto y reflexivo. Gracias al don de la razón, podemos salir de nosotros mismos para vernos como actores, capaces de tomar decisiones significativas basadas en un sentido claro de las opciones. La tradición anabautista menonita siempre reconoció que la fe no es solo un don sino también una elección. Al honrar la naturaleza voluntaria de nuestra decisión de seguir a Cristo, afirmamos la razón como un don divino.

Al igual que la curiosidad, la razón nunca es un fin en sí misma. En la tradición occidental es fácil hacer de la razón un ídolo, como si fuera la única cualidad necesaria de una persona educada. Los alumnos de ciencias naturales, guiados solamente por la razón, pueden reducir a los humanos a sus códigos genéticos y su química corporal, así como los especialistas en ciencias sociales pueden reducir a los humanos a meros buscadores de beneficio, estadísticas colectivas o maximizadores del interés propio. Los educadores cristianos tendrán que estar atentos a la arrogancia que acecha detrás del don de la razón, aquel persistente impulso humano de adorar al propio ser en lugar de adorar al creador.

No obstante, la razón es claramente un don de Dios. Aplicada correctamente, les permite a maestros y alumnos explorar los misterios de la creación y, en el proceso, convertirse en investigadores médicos, ingenieros, cooperantes y diplomáticos preparados para participar en la restauración de la creación de Dios a su propósito original.

Los maestros que cultivan una disposición a la razón modelarán el pensamiento meticuloso. Ayudarán a los alumnos a reconocer la estructura de un argumento coherente; se negarán a conformarse con respuestas que no tengan sentido o que insistan en ignorar aquello que la evidencia sugiere. Ninguna pregunta —ni siquiera las preguntas sobre la fe y la práctica cristianas— debe prohibirse en una escuela menonita.

Una pedagogía menonita debe modelar el don de la razón.

3. La alegría: la educación no es un trabajo fastidioso

En su autobiografía, *Sorprendido por la alegría*, C. S. Lewis recuerda un momento de su juventud en que experimentó una sensación de alegría pura.[14] Al describir ese momento —crucial en su decisión de hacerse cristiano— Lewis reconoce que esta experiencia de euforia repentina e inesperada estuvo acompañada por la conciencia de una profunda coherencia en todo el universo, una certeza de que en el mundo todo estaba unido de una manera hermosa y asombrosa.

Moldeados por una teología de la encarnación, los educadores menonitas estarán constantemente alertas a tales momentos de alegría en sus aulas. Cultivarán una disposición abierta a la emoción del "¡ajá!", del descubrimiento y el deleite que sentimos cuando la belleza nos sorprende en lugares inesperados.

La actitud general hacia la educación es en muchas ocasiones la de una obligación y una tarea aburrida. Los directores bromean a veces sobre la sensación de prisión que evoca la escuela. Los maestros actúan en ocasiones como si la escuela fuese un trabajo monótono que debe soportarse a la espera de los placeres reales de los fines de semana y las vacaciones de verano. A veces, los alumnos de la universidad pasan horas jugando a los videojuegos en su esfuerzo por evitar las tareas.

Está claro que algunos aspectos de la enseñanza y el aprendizaje requieren la disciplina del trabajo arduo. A veces, la memorización es simplemente la mejor manera de integrar la información en nuestro cerebro. Los maestros deben obligarse por momentos a corregir ensayos o completar sus tareas cuando en realidad querrían estar haciendo otra cosa. Sin embargo, por lo general, la enseñanza y el aprendizaje deben ser impulsos alegres. Se trata de una tarea bendecida por el placer de las relaciones y acentuada por el repentino reconocimiento de los patrones de pensamiento y conducta humanos, o de las conexiones con el mundo natural que Dios dispuso desde el comienzo. Aprender es aburrido solamente cuando buscamos hacerlo aislados del mundo o cuando no encontramos ninguna conexión con el resto del mundo. Es una experiencia de alegría cuando tenemos la sensación de que un misterio es revelado a través de nuestra interacción con los demás.

Profesores y alumnos pueden experimentar alegría en muchos contextos: al aprender a decodificar palabras, al expresar pensamientos por escrito, al pintar un cuadro o al hacer música. También podemos experimentar alegría en los logros de otros: en la maravilla de escuchar a un compañero tocar una sonata de Mozart en el piano, al celebrar el poema de un amigo que expresa perfectamente nuestros propios sentimientos, al ver una demostración matemática expuesta de manera simple y elegante, al resolver un problema técnico con la aplicación creativa de un código de informática. Detrás de todo esto existe un sentido de profunda alegría que reconoce la presencia de Dios en el mundo, manifestada de maneras variadas y maravillosas.

Cultivar una disposición a la alegría en el aula no es ignorar la realidad del sufrimiento en el mundo ni ser ciegos al dolor ajeno. Debemos trabajar arduamente para comprender la naturaleza del dolor en el mundo. Debemos luchar contra la injusticia, la avaricia y la violencia en sus muchas manifestaciones. Sin embargo, una pedagogía de la alegría nos convoca a esa lucha al tiempo que reconocemos que participamos de algo mayor que nuestros esfuerzos diminutos, y que en última instancia el éxito o el fracaso no dependen de nosotros. La alegría no es tanto una emoción de gozo como una expresión de esperanza escatológica. La alegría acompaña el momento del reconocimiento de que Dios tiene siempre el control del mundo. Al soltar y al cederle a Dios nuestros esfuerzos por imponer orden en el mundo experimentamos alegría.

Debido a que la creación está latente en la revelación de Dios, los educadores anabautistas menonitas abordarán su trabajo con alegría.

4. La paciencia: "Si usted supiera todo, no necesitaría estar aquí"

Una pedagogía menonita surgida de la encarnación cultivará una disposición a la paciencia. Vivimos en una cultura del instante. Nuestra sociedad se dedica a la velocidad. Hemos sido condicionados a esperar que las computadoras operen instantáneamente —a la "velocidad de un parpadeo"— de modo que la demora de un milisegundo genera en nuestro interior un estallido de impaciencia. Los teléfonos celulares y el wifi nos conectan con una red muy amplia de comunicación instantánea que nos provee de acceso inmediato a la información. Los políticos deben producir resultados en ciclos de dos a cuatro años. La industria alimenticia ha sido reconfigurada en torno a la promesa de la practicidad y la velocidad; no pensamos dos veces sobre los méritos de la comida rápida o los beneficios de las papas instantáneas, las palomitas de maíz para microondas, la premezcla para galletas o el pollo deshuesado. Parecería que tenemos un apetito insaciable por esquemas para hacernos ricos rápidamente, dietas instantáneas o libros que prometen transformarnos de la noche a la mañana.

El sistema educativo no es inmune a nuestro impulso por una mayor eficiencia y resultados más rápidos. Los padres presionan mucho para que sus hijos se inscriban en cursos avanzados. Las escuelas secundarias tienen cada vez más presión para otorgar acreditación universitaria. Los cursos a distancia, disponibles a cualquier hora del día o la noche, prometen educación sin interrumpir su trabajo u otros compromisos. Los alumnos pueden producir ensayos instantáneamente descargándolos de Internet. Existen muchas empresas que le enviarán un título avanzado de inmediato —sin ningún requisito en absoluto— si está dispuesto a pagar su precio.

En semejante contexto, una pedagogía de la paciencia es verdaderamente contracultural. Cualquiera que haya trabajado con niños o jóvenes reconoce que el aprendizaje se da de maneras diferentes y a velocidades distintas. En ciertos momentos parecería que no se da ningún aprendizaje. Un educador cristiano es como un buen granjero, quien atiende todos los detalles que implica cuidar un cultivo abundante, al preparar la tierra, sembrarla, fertilizarla y regarla. Pero la paciencia también es crucial. Pocas semillas germinan instantáneamente y un granjero no puede obligar siquiera a una sola semilla a crecer aun brindándole todas las condiciones favorables.

Además, los alumnos difieren enormemente en personalidad, intereses y estilos de aprendizaje. Los profesores tienden a focalizar todas sus energías en los alumnos que aprenden con rapidez. No obstante, el mayor desafío para los educadores es conectarse eficazmente con los alumnos que no responden a los abordajes tradicionales. Esto requiere atención, creatividad y paciencia. Muchas veces, aun los alumnos que pueden dominar rápidamente el contenido o los conceptos fácticos necesitan más tiempo para mostrar avances en las áreas de mayor importancia —por ejemplo, la integración del material en esquemas de significado más amplios, el compromiso creativo genuino con el material de lectura o el crecimiento en las virtudes cristianas.

Aprender todas estas cualidades lleva bastante tiempo y a veces es difícil encontrar evidencias del crecimiento a lo largo de períodos más extensos. Aquel que ha intentado aprender otro idioma sabe que el camino para dominarlo es siempre progresivo —muchas veces casi imperceptible—, hasta que un buen día encuentra con sorpresa que se está comunicando a un nivel que al comienzo parecía imposible. Con los años he aprendido a no hacer juicios firmes sobre el futuro de alumnos que en sus primeros años de universidad parecen distraídos o poco comprometidos. A través de los años pude ver a muchos estudiantes que se convirtieron en exitosos trabajadores de servicio voluntario, pastores, empresarios y líderes.

Aunque es una tentación culpar a los alumnos por su corta capacidad de atención, los educadores cristianos deberían dirigirse a sus alumnos con la misma actitud que Dios manifiesta hacia nosotros. El Dios revelado en la encarnación es, sobre todo, paciente y persistente. La restauración de la creación a su propósito original requiere mucho tiempo. La paciencia requiere practicar un hábito que los primeros anabautistas llamaban *Gelassenheit* (en alemán, "capacidad de ceder"). La *Gelassenheit* es una renuncia consciente a nuestra tentación de tomar el mando, forzar la situación, avanzar, resolver el problema. Es un esfuerzo deliberado y practicado para ver al mundo a través de los ojos de Dios, hacia el horizonte escatológico. La *Gelassenheit* nos llama al trabajo comprometido y concentrado a la vez que reconoce que el fruto madurará en los tiempos de Dios.

Aunque nuestra obsesión cultural con la velocidad nos tienta a buscar atajos y soluciones rápidas, los educadores de escuelas menonitas se caracterizarán por una postura de paciencia. Saben que las cosas que más importan en la vida —por ejemplo, enseñar a los niños, desarrollar relaciones comprometidas y construir la comunidad— requieren tiempo, congruencia, disciplina, atención y paciencia.

5. El amor: creado a imagen de Dios
En 1769, un maestro menonita de una pequeña escuela rural de Skippack, Pensilvania, cerca de Filadelfia, publicó el

primer libro de pedagogía de la América colonial. En contraste con las suposiciones pedagógicas convencionales de la época, Christopher Dock rechazó los métodos disciplinarios fuertes en su obra *Schul-Ordnung* (Administración de las escuelas), argumentando que los alumnos respondían mejor a un abordaje amable basado en la persuasión y la presión de los pares, con una lógica clara para todas las formas disciplinarias.[15] Dock describe las numerosas prácticas que contribuyeron a su éxito ampliamente reconocido como maestro. Los alumnos valoraban, por ejemplo, sus regalos individualizados de frases artísticamente decoradas (*Fraktur*) en reconocimiento de sus logros. Los alumnos atesoraban tanto los *Fraktur* que varias docenas de ellos han sobrevivido hasta estos días. Pero la idea principal del libro de Dock era la importancia de la relación entre el maestro y el alumno, una relación con raíces en el respeto mutuo, la confianza y el amor.

Cada tarde, antes de regresar a su hogar, Christopher Dock tenía el hábito de orar por cada uno de sus alumnos. Pero una mañana de invierno de 1771, los alumnos llegaron a la escuela de Skippack y hallaron muerto a su querido maestro. Dock había muerto de rodillas el día anterior, orando por sus alumnos.

Christopher Dock reconoció que la relación entre el maestro y el alumno constituye el corazón de la pedagogía —el centro de toda enseñanza y aprendizaje— y que dicha relación se basa en el amor. De hecho, un tema recurrente en las reflexiones de Dock sobre el rol del maestro, y particularmente en los capítulos sobre el manejo del aula, fue su afecto evidente para con cada estudiante como individuo único. Por cierto, toda su sabiduría pedagógica estaba infundida por su conciencia de que la enseñanza era una expresión del amor cristiano. Dock no describe este amor principalmente en términos emocionales. Por el contrario, lo resume en un conjunto de prácticas que caracterizan todas sus interacciones con sus alumnos.

Comienza con un punto tan mundano como tener claridad

en cuanto a las expectativas. Ninguna regla existía sin una explicación, la cual Dock ciertamente repetía mientras buscaba alguna forma de disciplina para los alumnos que habían violado la norma del aula. Dock reconocía a cada alumno como un individuo particular, y expresaba en público y en privado su valoración de las maneras específicas en que cada uno había contribuido para lograr los objetivos generales del aula. Dock creía en el aula estructurada. Pensó mucho sobre cuál era la mejor manera de responder a los alumnos que hablaban sin esperar su turno, que distraían a otros, que no completaban sus tareas o que usaban lenguaje inapropiado. Al mismo tiempo, sus sugerencias específicas de cómo resolver estos desafíos áulicos necesitaban siempre de la flexibilidad y de las excepciones, de acuerdo a las circunstancias.

El currículo de Dock incluía una apreciación profunda por el mundo natural. El amor a Dios y el amor a los demás estaban íntimamente ligados al amor por la creación de Dios, la cual evocaba en el estudio de las plantas y los animales, en una atención especial al cambio de las estaciones y en una apreciación del cielo estrellado.

Sobre todo, Dock estaba comprometido a hacer del aula una comunidad de aprendizaje en la cual la presencia de Dios se evidenciara en todo lo que él hacía. El respeto por el otro, por la naturaleza, por los padres y por la iglesia surgía de una comprensión saludable de la relación del ser humano con Dios. Como expresó el salmista, "el principio de la sabiduría es el temor del Señor" (Sal 111.10).

Aunque las circunstancias y los contextos culturales han cambiado desde que Christopher Dock publicó el *Schul-Ordnung*, los temas generales de su pedagogía continúan planteando un desafío inspirador para los educadores de escuelas menonitas en la actualidad:

- el enfoque en las relaciones con los alumnos cimentado en la gracia del amor gratuito de Dios para con nosotros;

- la atención a las cualidades individuales de cada estudiante en busca de lo mejor para cada uno;
- modelar relaciones de respeto, confianza y ayuda mutua;
- establecer una cultura de paz en la que los alumnos se capaciten para mantenerse firmes y tener claridad de convicción, aun al practicar los frutos espirituales: "amor, alegría, paz, paciencia, amabilidad, bondad, fidelidad, humildad y dominio propio" (Gá 5.22-23);
- la oración diaria, incluso —o quizás especialmente— por aquellos alumnos que parecen reacios a los mejores métodos pedagógicos.

Para los educadores de la tradición anabautista menonita, una pedagogía con raíces en la encarnación comienza con el reconocimiento de que nuestros alumnos no son adversarios ni enemigos; ni son papeles en blanco, vasijas por llenar ni arcilla en nuestras manos. Son seres humanos, creados a imagen de Dios y con quienes se nos ha confiado relacionarnos. El apóstol Pablo lo resume de mejor modo en su carta a la iglesia de Corinto:

> Si hablo en lenguas humanas y angelicales, pero no tengo amor, no soy más que un metal que resuena o un platillo que hace ruido. Si tengo el don de profecía y entiendo todos los misterios y poseo todo conocimiento, y si tengo una fe que logra trasladar montañas, pero me falta el amor, no soy nada. Si reparto entre los pobres todo lo que poseo, y si entrego mi cuerpo para que lo consuman las llamas, pero no tengo amor, nada gano con eso.
>
> El amor es paciente, es bondadoso. El amor no es envidioso, ni jactancioso ni orgulloso. No se comporta con rudeza, no es egoísta, no se enoja fácilmente, no guarda rencor. El amor no se deleita en la maldad sino que se regocija con la verdad. Todo lo disculpa, todo lo cree, todo lo espera, todo lo soporta.

El amor jamás se extingue, mientras que el don de profecía cesará, el de lenguas será silenciado y el de conocimiento desaparecerá.

Ahora vemos de manera indirecta y velada, como en un espejo; pero entonces veremos cara a cara. Ahora conozco de manera imperfecta, pero entonces conoceré tal y como soy conocido.

Ahora, pues, permanecen estas tres virtudes: la fe, la esperanza y el amor. Pero la más excelente de ellas es el amor (1Co 13.1-8, 12-13).

Conclusión

Aunque sean diferentes, todas estas disposiciones pedagógicas —la curiosidad, la razón, la alegría, la paciencia y el amor— expresan un objetivo similar. Todas describen cómo el Verbo se hace carne en los contextos educativos —cómo el Espíritu de Dios se hace visible en este mundo del tiempo y el espacio. Como educadores, damos testimonio de la maravilla de la encarnación en nuestras planificaciones y en nuestra instrucción, pero principalmente en el ejemplo que damos. Al alentar, impulsar y estimular, nutrimos los hábitos de estar atentos al Espíritu de Dios, Espíritu que se revela en las relaciones y en la creación.

La pedagogía del aula en un estilo anabautista menonita se moldea por el compromiso mayor de la escuela de ver la tarea colectiva a través del lente de la adoración, compartida por una tradición común y por las prácticas de una comunidad viva y saludable. Es encarnada tangiblemente en el aula por maestros comprometidos con una pedagogía de la curiosidad, la razón, la alegría, la paciencia y el amor. Dichas cualidades no son fórmulas ni técnicas; pero tampoco son un misterio. Se expresarán siempre en interacciones específicas, en prácticas diarias y en las realidades concretas de la vida compartida.

Todo esto nos vuelve al abuelo Troyer. La alumna con la que hablé tenía muchos recuerdos de la escuela menonita a la que asistió. Aprendió mucho de biología, matemática, historia e inglés. Disfrutó las clases de Biblia y creció en la fe cristiana. Formó muchas buenas amistades, practicó deportes y fue una música talentosa. Pero no fue accidental que, cuando le pedí que resumiera lo que la educación cristiana había significado para ella, el primer relato que le vino a la mente fue el recuerdo vívido del abuelo Troyer, quien puso en práctica su compromiso cristiano.

Lo que sucedió aquella tarde fue una expresión del currículo invisible llevado a la práctica. Las cualidades mencionadas se manifestarán de muchas maneras diferentes, y serán con frecuencia informales y no planeadas. Sin embargo, una escuela moldeada por la teología de la encarnación dará testimonio de un Dios que obra para restaurar un mundo quebrantado en su integridad y armonía.

4

Los resultados de la educación menonita

Prueben y vean

Un verano en que nuestros hijos aún vivían en casa, nuestra familia fue a vacacionar a los estados del oeste de Estados Unidos. Visitamos numerosos parques nacionales y disfrutamos paisajes bellos y asombrosos. Uno de los recuerdos más impresionantes e increíbles fue el de haber llegado finalmente al Noroeste del Pacífico. En el sur de Oregón y el norte de California paseamos por los bosques neblinosos de las secuoyas gigantes que se ciernen altas sobre el océano Pacífico. Luego viajamos hacia el sudeste para visitar el Parque Nacional de las Secuoyas. En silencio embelesado, disminuidos por las torres de secuoyas, miramos hacia arriba con asombro. Algunos de los árboles, antiguos ya en los tiempos de Cristo, medían más de 90 metros de altura y tenían 18 metros de diámetro. A lo largo de los siglos, sobrevivieron a terremotos, incendios forestales y el avance de la civilización humana. Cada año, sus enormes troncos agregan regularmente un pequeño anillo de crecimiento.

Poco después de aquella experiencia, visitamos a un exalumno que estaba trabajando para el Servicio de Parques Nacionales. Al describir su trabajo, mencionó que un verano había pasado varios meses plantando secuoyas —cavando los pozos para los plantines, apenas más que palitos, con la esperanza de que echaran raíces.

Aquellas imágenes —de los árboles antiguos, maduros y altos

como torres, y del acto simple y reiterado de plantar un diminuto plantín de secuoya— me han acompañado desde entonces.

¡Qué acto de fe tan maravilloso es plantar un árbol, sabiendo que probablemente pasarán décadas, quizás siglos, hasta que aquel plantín madure para convertirse en un roble adulto o en una gigantesca secuoya! Sin embargo, esta es la esperanza a la que son llamados todos los educadores cristianos. Cuando nos encontramos por primera vez con los alumnos, acordamos participar de los pequeños gestos de plantar, regar, podar o nutrir. Lo hacemos como expresión de la esperanza en que en algún momento del futuro —tal vez mucho después de que nuestro contacto directo con estos alumnos haya concluido— este tiempo compartido importará de maneras que apenas podemos imaginar.

El compromiso con la educación cristiana, como el gesto radical de plantar una secuoya, refleja una larga visión de la historia. A lo largo de las décadas, el campo de la educación ha sido extremadamente susceptible a un conjunto de nuevas teorías, cambios de paradigmas y modelos alternativos de instrucción, acompañados por lo general por un grupo de palabras de moda, tecnologías innovadoras, enormes inyecciones de dinero y promesas agitadas sobre los resultados probables.

No obstante, si las medidas convencionales de éxito educativo son confiables, existe poca evidencia que sugiera que cualquiera de estos abordajes haya podido proveer una solución significativa. De acuerdo a la *National Assessment of Educational Progress* (Evaluación Nacional de Progreso Educativo), el promedio de las calificaciones de lectura y matemática entre alumnos del último año de la secundaria en Estados Unidos no ha sufrido grandes cambios entre los primeros años de la década de 1970 y 2010, teniendo en cuenta que la relación alumno-maestro disminuyó, los sueldos de profesores aumentaron y el gasto general en educación se incrementó en un 40 por ciento.[16] Al mismo tiempo, numerosos informes han sugerido que los alumnos estadounidenses de la escuela primaria y secundaria siguen estando por debajo de sus pares de muchos otros países del mundo en cuanto a preparación académica.

A pesar de las décadas de preocupación pública angustiada, aún existe poco acuerdo en cuanto a los temas más básicos de evaluación. ¿Cuál debe ser el criterio para medir el éxito educativo? ¿Acaso puede cuantificarse el verdadero éxito educativo? Si así fuera, los alumnos que no alcanzan cierto nivel ¿deben ser considerados víctimas de un sistema educativo inepto? ¿O quizás el verdadero problema está vinculado a cierta combinación de fracasos sociales mayores, como la pobreza urbana, la inestabilidad familiar, la influencia generalizada del entretenimiento electrónico, las prioridades desviadas de los sindicatos de maestros o las escuelas con fondos insuficientes?

Dichas preguntas son relevantes también para las escuelas relacionadas con la iglesia, junto a la dimensión agregada de las convicciones y prácticas basadas en la fe que suponemos que deben evidenciarse entre los alumnos que asisten a escuelas menonitas. Aquí, como en el caso del debate de la escuela pública, las preguntas abruman fácilmente a las respuestas. ¿Qué esperan exactamente los padres y las congregaciones de las escuelas menonitas? Los resultados anticipados de los alumnos de escuelas afiliadas a MEA ¿deben ser medibles por las formas convencionales de evaluación? ¿O deberían dichas escuelas enfocarse por el contrario en las necesidades y capacidades particulares de cada individuo? ¿Son acaso calificables las cualidades de una educación basada en la fe? ¿Cuál es el lugar de las calificaciones y la competencia en una escuela menonita? ¿Existen resultados que puedan esperarse de todos los alumnos de todo el abanico de escuelas afiliadas a MEA?

Los desafíos de la evaluación

Una manera de introducirse al caos de estas preguntas difíciles es afirmar desde el comienzo que las escuelas menonitas deberían comprometerse a alcanzar o superar todas las convenciones académicas básicas que uno esperaría de una escuela o universidad pública que funciona adecuadamente. Los alumnos que asisten a las escuelas menonitas también viven inmersos en una cultura mayor en la cual tendrán que funcionar como ciudadanos productivos. Los egresados de escuelas afiliadas a MEA deberían poder ingresar a una economía compleja y ser exitosos en una amplia variedad de contextos laborales. Apelar a una educación basada en la fe nunca debería servir de excusa para tener niveles académicos bajos o profesores ineptos.

Para lograr esto, las escuelas menonitas necesitan proveerles a sus alumnos una instrucción competente en todas las áreas convencionales. ¿Los niños están aprendiendo a leer? ¿Pueden resolver la matemática básica? ¿Pueden escribir oraciones completas? ¿Tienen un sentido de la cronología histórica y de las relaciones causales? Estas habilidades básicas asociadas con la educación en todos los diversos niveles son generalmente las más fáciles de definir, cuantificar y evaluar con pruebas estandarizadas. Puede haber muy buenas razones por las que las escuelas menonitas incluyan tales evaluaciones en su currículo.

Sin embargo, aunque la competencia de alto nivel en la enseñanza es absolutamente crucial y aunque las pruebas estandarizadas puedan proveer ciertas bases para la evaluación de diagnóstico, al mismo tiempo las escuelas menonitas nunca deberían reducir sus expectativas de logros de aprendizaje a estas únicas medidas. A la luz de un compromiso teológico con la fe encarnada en la vida cotidiana y un compromiso pedagógico con el cultivo de disposiciones como la curiosidad, la razón, la alegría, la paciencia y el amor, los niveles educativos en las escuelas menonitas tendrán que superar la mera competencia en áreas convencionales de contenido y habilidades. Aquí, las pruebas estandarizadas probablemente no sean el mejor método de evaluar estas cualidades.

Considere el ejemplo de ser padres. Cualquier padre sabe que gran parte de ese rol está ligado a una multitud de tareas pequeñas pero importantes: preparar las comidas, lavar la ropa, hacer las compras, pagar las cuentas, trasladar a los niños, sacar turnos. Pero si le pregunta a un padre qué *significa* ser padre, nunca reduciría ese rol a estas tareas discretas. Las cosas que más importan de ser padres no pueden medirse tan fácilmente. Si un hijo le pregunta a su padre: "¿Cuánto me amas?", es poco probable que el padre le responda con un número en una escala del uno al diez. Por el contrario, el padre se torna poético: "Te amo hasta el cielo" o "Te amo tanto como toda el agua del océano". De manera similar, un monje podría darle una lista de disciplinas espirituales y la cantidad de horas diarias que las practica, pero esto en sí mismo no sería probablemente la medida acertada de su virtud o de su madurez espiritual.

Las evaluaciones son buenas para medir las habilidades cognitivas. Pero una escuela menonita no está cumpliendo su rol si le permite egresar a una clase entera de finalistas de mérito nacional sin tener idea de si estos alumnos son compasivos, poseen una comprensión más profunda de las Escrituras, han vislumbrado su rol dentro de la comunidad, son capaces de encontrar conexiones entre su fe y las elecciones morales o son mayordomos más responsables de la creación. Por desgracia, dichos resultados no pueden reducirse fácilmente a mediciones cuantificables. No obstante, si las cualidades como el carácter, la compasión y la virtud son relevantes, deberíamos integrarlas al currículo aunque no sean fácilmente mensurables mediante pruebas estandarizadas.

Una cultura de pruebas también evalúa a los alumnos en relación con algún parámetro absoluto, el cual puede minimizar los dones y necesidades únicas de alumnos individuales.

De este modo, un alumno brillante que asistió simplemente a clase puede alcanzar una calificación alta, mientras que un alumno que recién comienza a comprender el material de estudio y avanza rápidamente hacia una comprensión más profunda aún permanece por debajo del promedio. Nuestro sistema convencional de calificaciones no tiene en cuenta la gran variedad de formas de aprendizaje individuales, el nivel de esfuerzo individual o la voluntad de asumir riesgos. Tampoco habla de las diferencias de trasfondo cultural, del bienestar emocional del alumno ni de las luchas espirituales por las que pueda estar transitando.

Las presiones que ejerce nuestra cultura de comparar los puntajes obtenidos en un examen —y al hacerlo, equiparar el coeficiente intelectual o el resultado de pruebas estandarizadas del estado o de un examen de ingreso a la universidad con el valor de una persona— son sutiles pero persistentes. Desde una perspectiva cristiana, la habilidad intelectual de un alumno individual nunca debería asociarse con el puntaje obtenido en un examen o con algún nivel de éxito académico basado en una medición externa. Por el contrario, las escuelas menonitas deberían estar muy atentas a las diferencias profundas que existen entre estudiantes individuales del mismo grado o de la misma edad. Nuestras aulas cuentan con alumnos que representan una amplia variedad en cuanto al nivel de apoyo que reciben desde el hogar, el trasfondo idiomático y el ritmo de desarrollo. Además, los alumnos reflejan inevitablemente una variedad de estilos de aprendizaje, lo cual requiere gran sensibilidad y flexibilidad en los abordajes pedagógicos. Debido a que ningún estilo de enseñanza cautivará la imaginación de todos los alumnos ni logrará que cada integrante de la clase pueda expresar sus dones, los maestros deben incluir mucha variedad en las tareas, colaborar frecuentemente con otros maestros y demostrar flexibilidad y sensibilidad en sus métodos evaluativos.

Las escuelas basadas en la iglesia y sus maestros deberían responder a las convenciones establecidas. Pero los maestros de la tradición anabautista menonita deberían tener cuidado de no reducir los objetivos de la clase a resultados mensurables. Deberían estar atentos a las diferencias individuales. Deberían enfocarse en los resultados que van más allá de la competencia solo en contenidos y habilidades.

* * *

Este capítulo propone seis objetivos de la educación basada en la iglesia, cada uno de los cuales se enfoca en uno de los sentidos humanos. Si el Verbo se hace carne, entonces la educación cristiana en un contexto anabautista menonita debería encarnarse de maneras visibles. Aunque estos resultados no son fácilmente evaluables en términos cuantificables, los seis objetivos que propongo aquí sugieren varios aspectos clave de lo que significa participar del cuerpo de Cristo como testigo de la integridad y la unidad que Dios pretende para toda la humanidad y para toda la creación misma.

Objetivos de una educación anabautista menonita

1. *Los dones de la vista y la percepción: ver los detalles en un contexto mayor*

Cuando era más joven, me encantaba leer novelas de misterio de todo tipo. Pero mis favoritas eran claramente las historias de Sherlock Holmes. Además de los excéntricos personajes y el complejo argumento, ansiaba el momento de la novela en que Sherlock se dirigía a su compañero y le decía: "¡Es todo muy elemental, Watson!". Luego Sherlock procedía a explicar la resolución del misterio. A partir de un detalle imposiblemente diminuto —los patrones del polvo en el dobladillo de la falda de una mujer o el olor de cierta marca de tabaco para pipa— Holmes develaba el misterio, de modo que al llegar al final de su explicación todo parecía claro como el agua. Una vez, cuando Watson lo presionó por su habilidad sorprendente para resolver el misterio más enredado, Holmes replicó: "La mayoría de las personas solo miran el mundo; pero yo veo el mundo".

La diferencia entre mirar y ver puede sonar un poco presuntuosa, pero Sherlock Holmes señaló una verdad. Gran parte del tiempo, la mayoría de nosotros nos conformamos simplemente con transitar la vida percibiendo apenas el mundo que nos rodea. Sin embargo, existen también momentos clave en que de repente tomamos conciencia de una dimensión más profunda de la realidad. Cuando nosotros, al igual que Holmes, dejamos de ver superficialmente los detalles mundanos que nos rodean, nuestra conciencia se agudiza y percibe la profunda interconexión de la vida, la intrincada red de patrones y relaciones que teje un hecho particular con un patrón mucho mayor de significado.

Un don de la vida moderna es la increíble cantidad de información que tenemos ahora a nuestro alcance. Gracias a Internet, casi cualquiera puede tener acceso instantáneo a amplias bibliotecas de conocimiento. Esta democratización de la información es un logro extraordinario, un cambio inmenso comparado con tiempos anteriores, en los que todo tipo de información se restringía a una élite privilegiada. Sin embargo, el hecho de acceder a una cantidad infinita de información al azar desafortunadamente no resuelve los interrogantes profundos de la vida. Si la educación consistiera principalmente en obtener acceso a la información, sería mucho más eficiente enseñarle simplemente a cada niño a utilizar un buscador y liberarlos al uso de Internet. Navegar por Internet nos permite ver muchas cosas, pero no nos da la capacidad de "ver" realmente el mundo y reconocer cómo un detalle específico encaja en un patrón mayor de significado.

En el siglo 13, el teólogo medieval Tomas Aquino intentó resumir todo el conocimiento en una de las primeras enciclopedias del mundo occidental, la cual denominó *Suma teológica*. Pero a diferencia de las enciclopedias modernas, en las cuales los temas están yuxtapuestos al azar por orden alfabético, Aquino insistía en que nada puede conocerse de verdad fuera de su relación con todo lo demás; en última instancia, todo conocimiento apunta a Dios, el creador del mundo. De manera que organizó la *Suma* como una descripción intrincadamente interconectada del mundo creado en la que se podía rastrear el origen de cualquier parte individual del conjunto hasta Dios.

Los abordajes medievales de la educación dejaron de ser relevantes, especialmente como consecuencia de la Iluminación, que insistía en que los *hechos* pueden separarse de los *valores*, y en que la ciencia es *objetiva*, mientras que la ética y la teología son *subjetivas*. No obstante, una educación anabautista menonita con raíces en la visión de la encarnación, en la que Cristo es el "primogénito de la creación" (Col 1.15) y la fuente de todo orden, desafiaría esta separación artificial de los hechos de un significado mayor.

Por ende, un objetivo para los alumnos de todas las escuelas menonitas debería ser el crecimiento continuo de su visión o percepción, una habilidad cada vez más profunda no solo de absorber los detalles fácticos de una materia, sino también de ver estos detalles dentro de un contexto mayor de sentido y significado.

Esto puede suceder a muchos niveles y en muchas áreas temáticas. En la disciplina de la historia, se comienza tomando en serio los abordajes tradicionales de la asignatura. Los alumnos interesados en la guerra civil estadounidense, por ejemplo, no pueden comprender plenamente el significado de aquellos acontecimientos sin contar con ciertos conocimientos de la disputada historia de la esclavitud, los intereses económicos que dividían a los estados del norte de los del sur, o el largo debate político sobre el federalismo en oposición a los derechos de los estados. De manera similar, un alumno de química de una escuela menonita debería poder describir la estructura molecular del agua como un componente químico formado por dos partes de hidrógeno y una parte de oxígeno (H_2O); debería tener algún conocimiento del agua en sus diversos estados (gas, líquido y sólido); debería poder reconocer la importancia del agua en múltiples ecosistemas. Estas diversas capas de interrelación son profundamente importantes para una buena educación.

Pero también podemos esperar que los estudiantes de una escuela menonita comprendan e interpreten estos hechos dentro de un marco moral. Deben luchar, por ejemplo, con el interrogante de si en alguna situación es legítimo para un cristiano participar de un acto inmoral (matar a otro ser humano, como sucedió muchas veces en la guerra civil) para lograr un objetivo aparentemente moral (ponerle fin a la esclavitud). O en el caso de la clase de química, deben reconocer en un contexto áulico que el agua es un regalo que Dios nos concede, que tenemos la responsabilidad de ser mayordomos de este recurso precioso, y que hay poderosos intereses en juego en las discusiones públicas sobre cómo repartir y distribuir el agua, frecuentemente con desventajas para los pobres.

Nuestros esfuerzos por ver los hechos en un contexto mayor tendrán probablemente un componente *espiritual*. Podríamos preguntarnos, en un debate sobre la guerra civil, cómo Dios se hace visible en los acontecimientos de la historia humana. ¿Dirige Dios los resultados de las actividades humanas? ¿Se mueve la historia humana en dirección al reino de Dios? La clase de ciencia podría dedicar un momento a reflexionar sobre cómo las moléculas de agua, tan cruciales para el florecimiento de la vida física, también son señales de la presencia de Dios en el ritual del bautismo. Aun si el agua parece ser un recurso abundante en el vecindario de uno, igualmente es apropiado tratarla con cierta reverencia, agradeciendo a Dios cada vez que nos refrescamos con un vaso de agua u observamos la lluvia que cae sobre un jardín sediento.

Cultivar el don de la visión en un contexto anabautista menonita moldeará además el modo en que nos percibimos en las relaciones con otras personas en el mundo. El teólogo Miroslav Volf tiene escritos reveladores sobre la virtud cristiana de la "doble visión": una capacidad de ver el mundo "desde aquí", desde la claridad de nuestra propia identidad, lugar y contexto, y también "desde allá", desde la perspectiva del otro. La doble visión requiere la capacidad de trascender fronteras culturales, económicas, políticas o raciales para entrar imaginariamente al mundo de alguien muy distinto a nosotros, preguntándonos cómo las percepciones recogidas desde esa perspectiva alternativa pueden ayudarnos a ver nuestro propio mundo con mayor claridad. El objetivo modesto de todo esto, escribe Volf, es adquirir "un lenguaje en común, una comprensión en común que esperamos que de algún modo se aproxime al modo en que un Dios omnisciente, que ve todo desde todos los lugares, nos ve a nosotros y a ellos".[17] El objetivo de este estilo de visión es cultivar el hábito de ver el mundo a través de los ojos de Cristo,

de una manera que honre las diferencias pero que se rehúse a
definir a otros por las categorías convencionales de la identidad
nacional, el poder económico o el nivel social. Este es el don de
ver el mundo íntegro, un mundo en que "todas las cosas" están
unidas en Cristo (Col 1.17).

Otra expresión de la visión como resultado del aprendizaje
en una escuela menonita puede describirse como el cultivo de
una "perspectiva escatológica". Esta es una disposición a observar nuestras propias acciones o los acontecimientos que nos
rodean dentro de un contexto anclado en una historia profunda
de las obras de Dios en el pasado y que ofrece una conciencia del
futuro que se extiende más allá del horizonte de nuestra comprensión. Dios está obrando en la historia, en la redención de
toda la creación a sus propósitos originales. Se han producido
cambios profundos en el mundo por las acciones continuas e
incansables de individuos humildes que han tenido la audacia
de imaginar un mundo nuevo.

Cierto domingo, durante un viaje por Alemania, me invitaron a predicar en una iglesia bautista de Berlín. Había publicado recientemente un libro sobre el evangelio de la paz, el
cual fue traducido al alemán, y la pequeña congregación quería
conversar sobre aquellos temas en mayor detalle. Sin embargo,
poco después de comenzar la predicación, noté que un hombre
mayor sentado cerca del frente había comenzado a llorar. Este
hecho me desconcertó un poco, pero continué hablando sobre la
centralidad que hacer la paz tiene para el evangelio. Al final de la
reunión, el hombre mayor se me acercó y me contó una historia.
Resultaba que la iglesia estaba ubicada en una parte de Berlín
que había pertenecido a Alemania Oriental. En 1961 se construyó un muro inmenso e imponente que separaba a Alemania
Oriental del resto del mundo. Las minas bordeaban el área de
detrás del alambrado de púa; ovejeros alemanes y soldados con
ametralladoras custodiaban toda la extensión del muro.

Todos los domingos por la noche durante las décadas de
1960 y 1970, este hombre y un pequeño grupo de miembros

se reunían frente al muro que estaba cerca de la iglesia. Allí prendían velas y hacían vigilias, orando para que algún día el muro se derribara. La gente se reía de ellos, los soldados se burlaban, y frecuentemente el hombre y el grupo de la iglesia se desanimaban. Sin embargo, continuaron reuniéndose. En la década de 1980, más y más personas se unieron a sus vigilias a la luz de las velas. A medida que se acrecentaba la tensión política, el gobierno de Alemania Oriental envió más tropas para dispersar a las multitudes. "Pero con las manos temblando de miedo", dijo el hombre, "continuamos con las velas en alto".

Después, ante la sorpresa de casi el mundo entero, la noche del 9 de noviembre de 1989, miles de habitantes de Berlín Oriental se congregaron en la frontera. A las 10:30 p.m., la multitud ejerció presión a lo largo de la frontera en Bornholmer Strasse, marcando el final del Muro de Berlín. "Sabíamos que no podíamos lograr esto por nuestra cuenta", dijo el hombre, otra vez en lágrimas, "pero esperamos y oramos. ¡Y el muro cayó! ¡El muro cayó!".

La visión escatológica sugiere una voluntad de vivir tanto con una esperanza radical como con una paciencia radical. La esperanza radical nos llama a participar diariamente de actos que sanan al mundo, sin importar cuán pequeños ni aparentemente insignificantes sean, en la confianza en que estamos participando de la trayectoria mayor de los propósitos de Dios realizados en la historia. La paciencia radical sugiere no juzgar la fidelidad del prójimo ni la presencia de Dios con base en los resultados a corto plazo y ser modestos y humildes en cuanto a nuestra comprensión de los planes de Dios o nuestra capacidad de controlar el desenlace de la historia.

La manera en que los maestros de escuelas menonitas abordan el cultivo de este don de la visión en sí mismos y en sus alumnos diferirá enormemente según los dones específicos de cada uno, de la etapa de desarrollo de los alumnos y del contexto de cada aula. Pero los alumnos de escuelas menonitas de todos los niveles deberían desarrollar una habilidad de ver el mundo con mayor claridad. Los maestros deberían poder describir el modo en que su enseñanza y las tareas que les solicitan a sus alumnos nutren este don de la visión. Además, las escuelas menonitas deberían estar siempre dispuestas a honrar a los maestros que han marcado una diferencia en sus comunidades por su capacidad de ver el mundo de una manera particular.

2. El tacto: la educación menonita es práctica, comprometida y encarnada

En el último capítulo del Evangelio de Lucas (24.13-27) leemos un relato sobre dos personas que transitan por un camino polvoriento hacia su ciudad, Emaús. Ambos son seguidores de Jesús, testigos de sus enseñanzas profundas, de sus milagros de sanación y de la esperanza que él generó en el pueblo judío de que el Mesías verdaderamente había llegado. Pero luego vieron los sucesos terribles ocurridos en Jerusalén. Jesús fue arrestado, juzgado y ejecutado como un criminal común, abandonado para padecer una muerte lenta y humillante en la cruz. Ahora, con la esperanza hecha añicos, estos dos hombres caminan con desánimo hacia su pueblo.

En el camino se les une un extraño, un maestro que obviamente conoce las Escrituras judías. Cuando le cuentan su historia de desilusión —su esperanza errada en que el Mesías había venido—, el extraño los reprende y los instruye sobre los profetas hebreos. "Está todo escrito muy claramente", insiste el extraño. "El Mesías debe primero sufrir y morir antes de poder entrar en su gloria". Ninguno de los dos comprende la explicación. Sin embargo, invitan al extraño devenido en maestro a su hogar para compartir una cena frugal. Entonces el extraño toma el pan, lo bendice y se lo pasa para que coman. Cuando reciben el pan en sus manos, dice el pasaje, de repente "se les abrieron los ojos". Recién al momento de tocar el pan reconocen al Jesús resucitado entre ellos. E igual de rápido, Jesús desaparece.

Esta historia inusual es análoga a otra aparición de Jesús después de la resurrección, esta vez registrada en el Evangelio de Juan (20.24-29), en la cual un discípulo llamado Tomás juega un papel central. Como los que caminaban hacia Emaús, Tomás ha oído una teoría sobre la resurrección de Jesús. Tiene cierta conciencia de lo que está sucediendo, basado en los informes de otros. Pero aún no comprende el significado del suceso. Tomás necesita confirmar las afirmaciones abstractas sobre la resurrección con la evidencia física del contacto humano. Cuando lo hace —al igual que los dos hombres de Emaús— reconoce enseguida a Jesús diciendo: "¡Señor mío y Dios mío!".

Ambas historias señalan una verdad elemental sobre la educación, cimentada en la comprensión anabautista menonita de la encarnación. Dios se revela a los humanos en la materia física y tangible de la creación. Las ideas abstractas y las palabras son relevantes; necesitamos la teoría. Pero existen momentos en que sostener el pan o tocar las heridas ofrece un camino hacia la comprensión que los argumentos abstractos no pueden comunicar. La tradición cristiana ha llamado a Tomás "el incrédulo"; un maestro más sensible podría haberlo descrito como alguien que "aprende por el tacto".

Si, como dice la encarnación, el mundo material —el mundo que vemos, gustamos, olemos y tocamos— está latente con la posibilidad de revelar la presencia de Cristo, entonces la educación en las escuelas menonitas debería depositar gran valor en el compromiso práctico y físico con el mundo, lo cual frecuentemente se denomina "aprendizaje por experiencia".[18]

Una forma de expresar esto es la voluntad de desdibujar las fronteras del aula para extender el contexto educativo hacia el mundo de la naturaleza. En su libro superventas *Last Child in the Woods* (El último niño en los bosques), Richard Louv estudia a los niños contemporáneos y rastrea la merma gradual de su contacto físico con la naturaleza. El contacto directo con la naturaleza, según argumenta, es esencial para el desarrollo humano saludable.[19] Las escuelas menonitas deberían ocuparse conscientemente de este problema progresivo de carencia de naturaleza. Así como los cursos avanzados de ciencia dan por sentada la necesidad de un laboratorio, las aulas de escuela primaria deberían ser contextos en los que los niños aprendan a atender los cambios de estación, donde tengan experiencias directas con las plantas y los animales, los huevos incubados y la transformación de los capullos en mariposas; donde se dediquen al placer de observar las aves, recolectar las hojas, tomar muestras del suelo, analizar el agua y ver el mundo natural, todo esto como una parte crucial de su educación. Los viajes de estudios a granjas, parques o centros ambientales no son distracciones del *verdadero* aprendizaje; extienden el aula dando oportunidades de encontrar la presencia de Dios en la riqueza del mundo natural.

De manera similar, las escuelas menonitas deberían proveerles a sus alumnos muchas otras oportunidades para la educación fuera del aula, conectando las ideas con las experiencias prácticas. Por un lado, esta es simplemente una buena práctica pedagógica. La mayoría de las escuelas tienen una capacitación vocacional del algún tipo, y prácticamente todas las universidades tienen como requisito un período de prácticas. Pero en un nivel más profundo, cultivar el sentido del tacto apunta a la convicción anabautista de que la fe verdadera se manifestará siempre en cómo vivimos, en las realidades prácticas, en los pequeños detalles de la vida diaria. En las palabras famosas del teólogo anabautista del siglo 16 Hans Denck: "Nadie puede conocer verdaderamente a Cristo sin seguirlo en la vida diaria". Esto sugiere que las escuelas menonitas deberían brindarles suficientes oportunidades a sus alumnos para las expresiones prácticas de la fe: jornadas de trabajo, viajes de misión, pasantías, investigación en grupo, programas de mentores y clases *in situ*.

En las palabras de Teresa de Ávila (1515–82), "Cristo no tiene otro cuerpo que el tuyo; no tiene manos ni pies en la tierra, excepto los tuyos. Tuyos son los ojos a través de los cuales él mira a este mundo con compasión". La forma creativa de tocar el mundo que pueden tener un mecánico, un ingeniero, una arquitecta, un carpintero, una artista y una costurera, así como la que pueden tener el trabajador social, la empresaria, la médica, el farmacéutico, el granjero y la enfermera son oportunidades de participar con Dios en la sanación del mundo.

El asunto en todo esto no es rechazar las disciplinas más abstractas —la filosofía, por ejemplo, o las formas avanzadas de la matemática. Tampoco quisiera implicar que la educación debe darse siempre en un sentido práctico, estrecho y vocacional. La experiencia del tacto nunca es un fin en sí mismo. El tacto encarnacional que lleva a la transformación siempre se moldea mediante un contexto de conocimiento previo, como en el caso del discípulo Tomás y en el de los dos discípulos que iban camino a Emaús.

Pero como Dios se revela a los humanos en la forma física, deberíamos tomar en serio el mundo material y las experiencias prácticas de comprometernos con el mundo material. Las escuelas menonitas deberían educar a sus alumnos en el arte del tacto.

3. El gusto: la disciplina del discernimiento

Cierta vez, cuando nuestra hija tenía casi un año, estábamos jugando fuera después de una lluvia de verano y vi con horror que ella se había metido una lombriz larga en la boca. Como sucede con todos los infantes en cierta etapa de su desarrollo, para ella el mundo estaba lleno de cosas fascinantes e interesantes, y su manera principal de conocerlo era a través del gusto. Debía probar todo aquello que pareciera interesante. Y con buena razón: desde muy temprana edad nuestras lenguas están provistas de abundantes papilas gustativas.

Probar las cosas es una de las primeras formas que tenemos de explorar el mundo que nos rodea. Los infantes confirman sus sentidos de la visión y el tacto confiando en sus papilas gustativas para obtener más información sobre aquello que tienen en las manos. Tiene aún mayor significado el hecho de que nuestro sentido del gusto esté en relación muy cercana con el placer de comer. No comemos solo para la supervivencia física o meramente para satisfacer el hambre, sino también para anticipar la experiencia sensorial del gusto y de las texturas. Comprimir todos los nutrientes que nuestras comidas suministran en una píldora que tragásemos tres veces al día sería ciertamente un triste adelanto tecnológico.

Sin embargo, aquí también es donde comienza cierto estilo de educación. Cuando vi a Sarah con una lombriz que se movía en su boca, mi reacción inmediata fue rápida y decisiva: "¡No! ¡Feo! ¡Las lombrices no se comen!". Parte de mi tarea como padre era ayudar a Sarah a entender la diferencia entre los placeres nutritivos de una buena comida y aquellas cosas que inicialmente pueden parecer interesantes en su boca pero que en última instancia no serían para su beneficio.

Aunque el contexto cambió frecuentemente a lo largo de mis años de padre, mi esposa y yo repetíamos muchas veces advertencias similares para nuestros hijos. Sí, el mundo está lleno de una variedad sin fin de cosas maravillosas y fascinantes; sí, muchas de ellas tienen cierta riqueza como alimentos e incluso pueden ser sabrosas al principio. Pero muchas de las cosas que los niños sienten tentación de ingerir no son saludables; y algunas son directamente venenosas.

Hablar del *gusto* en el contexto educativo, por supuesto, va mucho más allá del valor nutricional de las lombrices o de lo que sea que los niños estén tentados a llevarse a la boca. Cuando hablamos del gusto, en realidad estamos tratando de describir algo como el juicio y el discernimiento maduro: la sabiduría necesaria para discriminar lo que es apropiado hacer, experimentar e incorporar a nuestras vidas y lo que deberíamos apartar.

Hablar de gusto es complicado por el hecho de que existen muchas confusiones en torno al desafío del discernimiento. Algunas personas, por ejemplo, consideran el gusto puramente

como un asunto de preferencia personal: a ti te gusta la música
country, a mí me gusta el góspel; a ti te gustan las comidas pi-
cantes, yo prefiero las papas con salsa; si alguien quiere comer
lombrices, hablando figurativamente, que coma lombrices,
ya que "es asunto de gusto personal". Sugerir que existen estándares para el gusto más allá de las preferencias personales
parece evocar imágenes de una remilgada policía de la moral
de mente cerrada, personas que "cuelan el mosquito" (Mt
23.24), o esnobs de la estética que miran con desprecio a cualquiera que no aprecia su gusto refinado por la música clásica
o el arte moderno. El gusto, para algunas personas, es simplemente la opinión consensuada de un grupo particular que está
intentando imponer sus estándares en todos los demás.

Como consecuencia, algunas personas, quizás en especial
los jóvenes, sienten la inclinación a probar todo lo que hay
para consumir: piensan que si es accesible, deberían probarlo.
Las películas que nos permiten experimentar indirectamente
la adrenalina de una escena de persecución, el terror profundo
de la muerte inminente, las intimidades del amor prohibido o
la lujuria pura del deseo sexual activan las papilas gustativas
del placer. El problema es que una vez activadas, nuestras papilas gustativas desean más estimulación, y nos encontramos
arrastrados a una emoción cada vez más intensa de excitación
sensorial. Sin ser muy conscientes de ello, nuestra sensibilidad
emocional y moral comienza a atenuarse. Aquello que una vez
nos aterrorizó en una escena donde la violencia fue solo una
amenaza o fue implícita ahora nos parece pasada de moda; de
manera que la industria del cine tiene que subir la apuesta con
imágenes de motosierras que descuartizan cuerpos. La emoción de un preludio romántico al beso ahora parece vergon-
zosamente aburrida; de modo que nuestros deseos voyeristas
se intensifican cada vez más inclinándose hacia la pornografía
rotunda. Una imagen escandalosa, una conducta intolerable
o una experiencia excitante dispara emociones profundas
porque somos conscientes de que estamos trasgrediendo un

límite moral. Pero una vez que se han transgredido repetidamente todas las fronteras, nos quedamos con una carencia de gusto —un vacío interior, un vacío moral y una incapacidad de discernir las diferencias, los matices sutiles o las finas diferencias en lo que vemos u oímos.

Un impulso diferente y aparentemente más benigno de la cultura moderna es evitar el duro trabajo del discernimiento al abrazar una cultura de lo *kitsch*. Si la cultura del impacto de la industria del entretenimiento busca derribar todas las fronteras del gusto, la cultura de lo *kitsch* permanece resueltamente segura dentro de las mismas fronteras claramente establecidas. Lo *kitsch* —ya sea en la música, el arte, la literatura o la fe— se define como aquello que imita y es predecible. Reside en la seguridad nostálgica de los recuerdos. Evita todo tipo de misterio con la repetición consciente de fórmulas establecidas que han producido reacciones emocionales específicas en el pasado. Si la cultura del impacto niega la existencia de Dios, lo *kitsch* hace un ídolo de las creaciones humanas. Troca el misterio vivo de la encarnación por la comodidad y la seguridad sentimental de un becerro de oro construido por manos humanas.

Desde una perspectiva educativa, el gusto —el arte de discriminar entre lo malo, lo bueno, las cosas mejores y lo mejor de todo— es algo que se debe aprender. Debe cultivarse y practicarse. Esto significa que los alumnos de las escuelas menonitas deberían contar con oportunidades de probar muchas cosas distintas y encontrarse con muchas personas y experiencias. Las personas excesivamente selectivas con la comida, satisfechas de vivir a macarrones con queso, se pierden la rica y maravillosa variedad de especias exóticas y la cocina transcultural. Parte de la tarea de la educación relacionada con la iglesia es ayudar a los alumnos a ampliar su paladar, pero de un modo en que no se traguen todo lo que se les cruza por el camino. No todo lo que sabe bien al comienzo es saludable. De manera que desarrollar el buen gusto significa aprender qué es nutritivo y qué debemos escupir.

El objetivo de todo esto es convertirnos en críticos en el mejor sentido de la palabra —no con la postura crítica de un cínico ni la actitud crítica de un esnob elitista. En cambio, lo que buscamos es algo más cercano a lo que Pablo le advierte a la iglesia de Filipo: "Todo lo verdadero, todo lo respetable, todo lo justo, todo lo puro, todo lo amable, todo lo digno de admiración, en fin, todo lo que sea excelente o merezca elogio. Pongan en práctica lo que de mí han aprendido, recibido y oído, y lo que han visto en mí, y el Dios de paz estará con ustedes" (Flp 4.8-9).

El gusto rara vez puede reducirse a una conjunto de reglas o definiciones rígidas. Pero existen algunos recursos. Un punto de partida para educar el gusto es simplemente una consideración cuidadosa de las consecuencias de nuestras elecciones. Aquello que ingerimos —literal o figurativamente— puede afectar significativamente nuestro bienestar. Fumar tres paquetes de cigarrillos todos los días durante veinte años, por ejemplo, nos causará probablemente cáncer de pulmón. De modo que cuestionar las ventajas de fumar no es solo un asunto de gusto personal, sino además un recordatorio de que esta elección tiene consecuencias reales para su salud, para el bienestar de aquellos que lo rodean y para la sociedad en general, la cual tendrá que pagar los gastos médicos que podrían haberse evitado.

La educación nos provee además perspectivas históricas para nuestros juicios, perspectivas que contribuyen al discernimiento. Los contemporáneos de Sócrates no valoraban sus ideas filosóficas y trataron de silenciarlo obligándolo a tomar veneno. No obstante, más de dos milenios después, la gente sigue leyendo sus diálogos y descubre nuevamente las reveladoras observaciones de este hombre sobre interrogantes relacionados con la naturaleza humana, la comunidad humana y otros temas importantes como la bondad, la verdad y la belleza. No todos coinciden con Sócrates; pero mientras que miles de otros escritores han sido olvidados, los pensamientos de Sócrates aún nos atraen. Al pensar temas profundos vinculados a la justicia, Sócrates brinda una norma que informa y educa nuestro sentido del gusto. Sus ideas son relevantes, por lo menos en parte, porque durante mucho tiempo muchas personas las han considerado de gran valor.

También desarrollamos el sentido del gusto discriminatorio al estudiar a personas ejemplares. Mientras que la educación pública se concentra en los héroes nacionales como modelos, las escuelas menonitas cultivan el buen gusto al poner la mirada en los héroes de las virtudes cristianas: los santos y mártires que mejor encarnan las características que queremos imitar. En última instancia, el ejemplo más relevante es el que da Jesús. "La actitud de ustedes debe ser como la de Cristo Jesús", les escribió Pablo a los filipenses (2.5).

Las escuelas menonitas deberían ser lugares en los que los alumnos cultiven el buen gusto con la práctica de las capacidades de discernimiento. Esto sucede de muchas maneras, pero siempre incluye una comprensión profunda de las Escrituras, como la que nos brindan las historias de la tradición y las enseñanzas de la iglesia, una atención consciente a la sabiduría de maestros y mentores, y la práctica de las disciplinas espirituales de escuchar la voz del Espíritu Santo en el contexto de la comunidad cristiana.

4. El oído: aprender a escuchar a los demás y a Dios

En el Antiguo Testamento leemos la historia intrigante de la educación de un joven llamado Samuel. Aun antes de que Samuel naciera, su madre Ana lo dedicó a Dios. Cuando él aún era un niño pequeño, ella lo envió al templo en Siló para ser aprendiz de Elí, el sacerdote (1S 2-3). Elí era el mentor de Samuel, encargado de la tarea de capacitarlo en las tradiciones del pacto, en escuchar la palabra de Dios y en las diversas responsabilidades de un sacerdote. Cierta noche, siendo apenas más que un niño, a Samuel lo despertó una voz que lo llamó por su nombre. Fue hasta Elí tres veces, pensando que su maestro lo estaba llamando. Finalmente Elí dirigió la atención de

Samuel hacia Dios: "Yo no te he llamado; tal vez sea el Señor". De modo que la próxima vez que Samuel oyó la voz que decía su nombre, dirigió su atención a Dios: "Habla, que tu siervo escucha". Y el Señor le habló a Samuel: "Mira, estoy por hacer en Israel algo que a todo el que lo oiga le quedará retumbando en los oídos" (3.9-11 NVI).

El llamado de Samuel a ser profeta no puede reducirse a este único incidente. Después de todo, su madre lo había dedicado al servicio de Dios desde el comienzo de su vida. Además, Samuel contaba con la buena fortuna de recibir una educación espiritual por parte de un experto en el tema; Elí juega un rol crucial en ayudar a Samuel a estar atento a la dirección de Dios.

Sin embargo, al final Samuel no comprende su llamado verdadero hasta escuchar activamente la voz de Dios.

El sentido humano del oído, como la vista y el gusto, es una de las formas más básicas de involucrarnos con el mundo. Los sonidos llenan el mundo. Desde el momento de su nacimiento, los bebés escuchan el ruido del tránsito, el ladrido de perros, el sonido de los ventiladores, el murmullo de las hojas de los árboles, los informes de noticieros radiales, comedias televisivas y los tonos de llamada de los innumerables teléfonos celulares.

Cuando somos bebés, estamos especialmente sintonizados con las voces íntimas de nuestros padres, hermanos, parientes y amigos. A medida que nuestra escucha se hace más atenta, comenzamos a separar dichos sonidos para escuchar la entonación particular de cada palabra. Lentamente aprendemos a decodificar el significado asociado con esas palabras. Después, con el tiempo, nuestros oídos se acostumbran a escuchar los significados más profundos, escondidos en el habla, transmitidos por las sutilezas de la entonación, los matices y el contexto.

La escucha precede al habla. Para muchos de nosotros, aprender a hablar disminuye en realidad la agudeza de nuestro sentido del oído.

Como en el caso de "mirar" y "ver", existe una diferencia entre simplemente "oír" y verdaderamente "escuchar". Oímos ruidos todo el tiempo. Escuchar, por el contrario, es una postura de atención consciente por la cual buscamos comprender los sonidos que oímos. Cuando los maestros dicen "¡Escuchen!" o "Por favor, hagan silencio y escuchen", o reprenden a los alumnos con las palabras: "¿Por qué no estaban escuchando?" pueden estar seguros de que sus alumnos han estado oyendo, sus voces todo el tiempo; pero la escucha verdadera supone una relación de comunicación atenta e intencional.

Escuchar es una habilidad que puede aprenderse. Cuando yo estaba en la secundaria, no tenía oído musical. Esto desconcertaba a mi familia, especialmente a mi mamá, quien tenía un gran don para la música y cantaba con una voz hermosa. Mis hermanos sabían cantar, pero yo simplemente no confiaba en que podía seguir una melodía o afinar. Luego, en un momento de una clase de música de la escuela secundaria, nos pidieron que cantáramos partes del Mesías de Handel. El maestro, un tanto arbitrariamente me parece, me colocó con los tenores. Una y otra vez escuchamos las grabaciones del Mesías, y después la de un pianista que tocaba sólo la melodía de los tenores. Paulatinamente comencé a escuchar la parte de los tenores dentro de la armonía completa del coro. Con aún más tiempo y práctica, comencé a escuchar mi propia voz que acompañaba más o menos afinadamente.

Para mí fue un verdadero descubrimiento. Aunque nunca me convertí en un cantante muy talentoso, ahora tengo un oído interno que me permite escuchar la parte que debo cantar. Con el tiempo y mucha más práctica, cantar se me hizo cada vez más fácil.

Las escuelas menonitas alimentarán en sus alumnos el don de la escucha. La escucha comienza con un sentido de curiosidad y respeto —una conciencia de que lo que los otros están diciendo puede ser de interés y tal vez yo pueda aprender algo que antes no sabía. Cualquiera que haya pronunciado un discurso sabe cuán desalentador es ver a miembros del público estirando las piernas y con los ojos cerrados, hablando en voz baja con otros o mirando abstraídos por la ventana. La escucha activa —una postura de atención con el contacto visual y las expresiones faciales apropiados— honran al orador. La escucha activa no es simplemente aguantar con paciencia hasta que alguien haya terminado de hablar para que uno pueda comenzar a hablar. Implica una postura de empatía comprometida que busca genuinamente adentrarse en la experiencia de otra persona y aprender más a través de preguntas exploratorias. Las personas que escuchan activamente están siempre atentas a las voces que no se oyen en una conversación y las buscan. Las personas que escuchan activamente están menos preocupadas por defender una postura que por comprender la perspectiva del otro. De hecho, en ocasiones, la experiencia del silencio, tener el don de saber cuándo no hablar, puede ser también un acto de escucha.

Los educadores de las escuelas menonitas necesitarán probablemente incluir algo de práctica consciente para cultivar el don de la escucha. Para los niños pequeños, el aprendizaje de esperar su turno para hablar puede comenzar siendo una regla, pero en cierto momento dicha regla se convierte en respeto y en una apreciación más profunda de cada compañero, junto al deseo de saber lo que los otros tienen para decir. Una disciplina de la escucha atenta es simplemente practicar la experimentación de silencios extensos, en los que los alumnos escuchan cuidadosamente los sonidos de fondo que no habían notado antes, el sonido de los latidos de su propio corazón o el sonido del silencio mismo.

Puede ser útil estructurar las conversaciones de modo que cada persona deba resumir lo que la persona anterior expresó antes de agregar su propia opinión. Otras formas de escuchar incluyen la capacidad de la lectura atenta, de modo que el lector se comprometa a comprender lo que el autor está expresando aunque desde el principio esté en desacuerdo con la postura que se está defendiendo. Una conciencia crítica de la naturaleza parcial del discurso público es aun otra forma de escuchar, como también la habilidad de sonsacar las voces de los alumnos que de otro modo tienden a permanecer en silencio.

A un nivel aún más profundo, los maestros de las escuelas menonitas que nutren el don de la escucha en sus alumnos jugarán el rol de Elí. Alentarán activamente a sus alumnos a estar atentos a la voz de Dios, quien los invita, como a Samuel, a dedicar sus vidas al servicio de Dios. Esto puede suceder de muchas maneras: con la oración estructurada, la reflexión en silencio, las disciplinas espirituales o la consejería y la orientación. En este proceso de discernimiento, el desafío no es hablar por Dios sino, como Elí, preparar a los alumnos para oír en el momento en que Dios está llamando.

5. La voz: descubrir nuestra vocación

Uno de los numerosos placeres de enseñar por un período prolongado es la oportunidad de volver a contactarse con los alumnos en etapas posteriores de su vida. Cuando conocí a Mandy, ella tenía la mirada asustada de una persona que claramente sentía que no pertenecía al campus de la universidad. En la clase, se sentaba al fondo del aula, recogía rápidamente sus libros al finalizar la hora y desaparecía. Sus trabajos escritos eran excelentes; si la llamaba directamente, ella respondía, aunque en voz baja y vacilante. Estaba claro que estaba haciendo sus deberes y estaba involucrada mentalmente en la clase. Sin embargo, cierto día, al dar una pequeña presentación oral frente a la clase, sus manos comenzaron a temblar incontrolablemente. Sólo con gran esfuerzo logró completar la presentación; su voz era un poco más que un susurro. Cuando le hablaba en la vereda o en mi oficina, siempre tenía cosas interesantes para decir, pero casi siempre hablaba en voz muy baja y con la mirada hacia abajo.

Hace varios años volví a encontrarme con Mandy. Yo participaba de una conferencia y descubrí, con gran sorpresa, que Mandy estaba en la lista de presentadores. Supuse que se trataba de otra persona con el mismo nombre. No obstante, cuando llegué a la sesión, la reconocí de inmediato. Con los años, se había convertido en directora ejecutiva de una organización sin fines de lucro que conectaba a artesanos de América Central con mayoristas de Estados Unidos. Hizo una presentación poderosa sobre su organización y respondió preguntas con claridad y humor. Quedé atónito y profundamente conmovido. ¿Acaso podía ser la misma persona que yo recordaba de hace quince años como una alumna terriblemente tímida en su primer año de la universidad?

En nuestra conversación posterior, el misterio comenzó lentamente a develarse. Un momento clave en su transformación fue durante un período de estudio y servicio en Honduras. Le tocó vivir con una familia sociable, amable, cálida y divertida. No la conocieron como una persona tímida y simplemente la arrastraron a participar de los eventos familiares, considerando la vacilación que pudo haber expresado como parte de su confusión transcultural. Resultó ser que le encantaba el español y logró bastante fluidez hacia el final del período de tres meses. Luego de regresar a su hogar, siguió en contacto con su familia postiza, la visitó el verano siguiente y una vez más después de egresar, por un período más prolongado.

Durante sus visitas, Mandy renovaba sus contactos con los artesanos de los lugares donde ella había hecho su servicio. Lentamente, colaborando con una organización ya establecida en la zona, elaboró un programa que conectaba a los artesanos con tiendas de Estados Unidos. En el camino, algunas iglesias y otros grupos la invitaron a hablar de su experiencia y descubrió —casi sorprendiéndose a sí misma— que tenía una historia para contar. "Encontré una pasión", dijo Mandy. Y con esta, encontró su voz.

Como el gusto, la vista o el oído, nuestras voces son un medio crucial mediante el cual nos involucramos con el mundo. Todo bebé anuncia su presencia con el llanto y continúa comunicando sus necesidades básicas con gruñidos, gorgoritos y gritos. Sin embargo, pronto aprende a reír; luego el infante comienza lentamente a imitar los sonidos que oye, rastreando el deleite de los padres, que responden a su voz.

Todo niño descubre llegado el momento que las voces tienen poder. Las palabras nos conectan con la comunidad mayor. Nos permiten comunicar necesidades básicas y deseos. Las palabras tienen el poder de herir o sanar; pueden maldecir tanto como bendecir; pueden ofender o inspirar. Nuestra voz se convierte en una extensión de nosotros mismos a través del poder de un discurso convincente, un estallido de risa, un chisme murmurado, una suave advertencia, una oración ferviente, una palabra de aliento.

Las escuelas menonitas ayudarán a los alumnos a encontrar su voz. Cada uno de nuestros alumnos tiene un nombre que contiene un tesoro único. A cada uno se le ha confiado una voz única —una inflexión, un dialecto o un canto particular— que nadie más comparte. Al mismo tiempo, las escuelas menonitas cultivarán en los alumnos una conciencia de que los dones que se nos concede deben compartirse. Nuestras voces deben ser oídas. A veces esto sucede en las armonías cerradas del coro o en el razonamiento tranquilo del mediador. Otras veces es la voz del poeta que expresa lo invisible o el utópico que sueña con mundos nuevos. Podría ser la voz del abogado y el legislador, que aprenden el idioma del sistema legal, o la del predicador, el maestro y el misionero. A veces la voz se oirá en el idioma agudo —quizás aún estridente— del profeta que denuncia el racismo y la injusticia, expone la hipocresía y desafía al statu quo. O podría ser la voz del traductor, que está parado entre dos culturas y es un puente entre mundos que de otra manera no pueden comprenderse el uno al otro.

Las escuelas menonitas deberían proponerse conscientemente el objetivo de ayudar a sus alumnos a descubrir su vocación o su llamado. La palabra *vocación* proviene del latín y significa "ser llamado", ser nombrado por Dios para una misión particular. Encontrar nuestro llamado es descubrir nuestra voz.

6. El olfato: estar atentos a la presencia de lo invisible

Posteriormente a mi primer año de la universidad, dejé la escuela y acepté un trabajo en una pequeña granja en un pueblito de Austria. Por primera vez en mi vida, estaba inmerso en una cultura religiosa completamente diferente a la mía. Cada domingo asistía con mi familia a la misa de la iglesia católica local. De muchas maneras, la reunión me parecía extraña, pero me impresionaba profundamente el modo en que la misa apelaba al uso de todos los sentidos, incluyendo el del olfato. Mientras el sacerdote se preparaba para consagrar la ostia justo antes de la comunión, él o uno de los monaguillos mecía cuidadosamente un incensario, lleno del incienso ardiente. El olor llenaba la pequeña iglesia y a veces me hacía arder los ojos.

Al principio, el ritual parecía extraño. Pero con el tiempo, el olor del incienso se me volvió un símbolo poderoso de la presencia del Espíritu Santo, una presencia invisible a los ojos, pero una realidad al fin.

El olfato es quizás el sentido más impreciso. A diferencia de muchos animales que tienen un sentido del olfato muy desarrollado, los humanos no dependen mucho de este sentido. De modo que en comparación con la vista, el oído o el tacto, es probablemente el sentido menos desarrollado. Pero el olfato puede disparar una alerta repentina en nosotros. Al entrar a la cocina después de habernos ausentado un rato, podríamos preguntar: "¿Sientes ese olor?", pensando que quizás, en nuestra ausencia, la cocina perdió gas. De manera que paramos, olemos un poco más y seguimos. El aroma más sutil del perfume puede intensificar nuestros sentidos, acercándonos a otra persona sin que comprendamos por qué.

El olfato es profundamente evocativo; es el sentido más claramente ligado a la memoria. Cualquiera que de pronto se encuentra con el aroma dulce de un campo de heno recién cortado, un olorcillo de galletas recién horneadas, el olor de las flores de primavera en el viento, el olor acre de un zorrino o el delicado aroma de ciertas especias, experimentará probablemente que brotan a la superficie recuerdos olvidados hace mucho tiempo.

Al igual que los recuerdos espontáneos, el olfato no es algo plenamente racional. Uno podría decir que es "precognitivo". Desencadena nuestra intuición, un sentido de algo que no siempre puede defenderse mediante la razón o expresarse con palabras precisas. Si sospechamos algo sin saber realmente por qué, podríamos decir "Algo no huele bien aquí".

Decir que el sentido del olfato tiene alguna relevancia para una filosofía de la educación —aun tratándose de una filosofía de la educación encuadrada en el lenguaje de la encarnación— puede parecer un tanto fantasioso. No obstante, sugiero que las escuelas menonitas moldeadas por la realidad de la encarnación cultivarán a alumnos sintonizados con las escurridizas cualidades asociadas con el olfato.

Existe una realidad que va más allá de lo que podemos ver, oír, gustar y tocar. Existe una realidad que no podemos aprehender plenamente, pero que no es por ello menos real. Estar atentos a esta realidad requiere confiar en nuestras intuiciones, escuchar nuestros impulsos internos, discernir el movimiento del Espíritu Santo aunque apenas lo percibamos. Con frecuencia, los poetas, los artistas y los músicos están sintonizados con este movimiento misterioso del Espíritu Santo. Su trabajo nos invita a explorar la maravilla, el misterio y el asombro que muchas veces escapan de nuestra capacidad de contener, captar o definir.

Vivir una vida plenamente sintonizada con el Espíritu es como el incensario del sacerdote católico, el cual al mecerse esparce una fragancia que da testimonio del Espíritu que habita dentro. El apóstol Pablo comprendió este testimonio huidizo pero poderoso en su carta a la iglesia de Corinto: "Gracias a Dios que... por medio de nosotros, esparce por todas partes la fragancia de su conocimiento. Porque para Dios nosotros somos el aroma de Cristo entre los que se salvan... ¿Y quién es competente para semejante tarea?" (2Co 2.14-16).

* * *

Algunos teóricos de la educación han sugerido que los maestros deberían comenzar la planificación de cualquier curso elaborando el examen final y solo después volver a diseñar el currículo. Los maestros de las escuelas menonitas podrían preguntarse: ¿cómo cambiaría mi enseñanza si partiera de estos resultados —los hábitos de la visión, el gusto, el oído, la voz y el olfato en sintonía con la presencia de Dios— y creara un currículo enfocado en *estos* objetivos sensoriales? ¿Cómo sería si las convenciones del estado en cuanto a los contenidos y las capacidades para mi nivel de enseñanza o disciplina no se tomaran como el objetivo final principal, sino meramente como la materia prima para ayudar a los alumnos a buscar resultados más cualitativos?

De manera similar, los directores de las escuelas podrían preguntarse: ¿cómo podríamos reconocer públicamente a los alumnos que con sus elecciones transforman su vida y se encaminan hacia la obra sanadora de Dios en la creación? Estamos acostumbrados a reconocer a los alumnos con un cuadro de honor; ¿qué pasaría si reconociéramos a los alumnos por manifestar cualidades como la mayordomía, la empatía, la gentileza, la alegría, el servicio o por hacer la paz?

La evaluación: ¿cómo sabemos si estamos marcando una diferencia?

Los alumnos de todas las edades que participan de la educación menonita deberían estar cultivando sus sentidos de la vista, el gusto, el oído, el tacto, el habla y el olfato de una manera especial. Nuestros sentidos físicos pueden servir además como ventanas al espíritu. Son puentes por los cuales podemos aprender a atender la presencia encarnada de Dios en el mundo. Si desea saber cuál sería el "valor agregado" o la contribución de la educación menonita —o cómo la educación que recibe un alumno en una escuela menonita es distinta a la que podría esperarse de una institución pública—, un modo en que debería evidenciarse es en estas cualidades.

Si estos son los resultados apropiados que esperamos de una educación anabautista menonita, ¿cómo sabremos si realmente se están aprendiendo? ¿Cuál es la evidencia de ello?

Aquí las escuelas menonitas se verán con un pie en un mundo y el otro, en otro mundo. Por un lado, no podemos ignorar los argumentos que demandan más rendición de cuentas y una evaluación más cuidadosa. Después de todo, como sabe la mayoría de los educadores, existe una diferencia crucial entre enseñanza y aprendizaje. Los instructores insisten en que han enseñado la lección, pero si uno no tiene un método eficaz para determinar si los alumnos realmente aprendieron la lección, los reclamos del maestro suenan vacíos. Los maestros pueden estar en lo cierto al insistir que la instrucción se está impartiendo, pero eso no significa necesariamente que los alumnos se estén educando. En nuestra cultura, las presiones por demostrar el éxito educativo en medidas cuantificables no son del todo erróneas. Las escuelas menonitas nunca deberían utilizar la naturaleza particular de su misión como una excusa para la mediocridad en la evaluación de las competencias básicas o de los contenidos de un área temática.

Sin embargo, el impulso por reducir los resultados educativos a medidas cuantificables que se conformen a las estrategias de evaluación convencionales muchas veces no logra captar con precisión las cualidades que más nos importan en una educación relacionada con la iglesia. Esta tensión entre conformarse a las convenciones externas y los ideales más elusivos de una vida virtuosa reside en las profundidades de la historia cristiana. En cierto momento del ministerio de Jesús, varios fariseos, expertos en el sistema educativo judío, se acercaron a Jesús buscando que surgiera de él una respuesta clara sobre su currículo. Uno de ellos, altamente educado en la ley, "le tendió una trampa con esta pregunta: 'Maestro, ¿cuál es el mandamiento más importante de la ley?'". La respuesta de

Jesús fue clara: "'Ama al Señor tu Dios con todo tu corazón, con todo tu ser y con toda tu mente'. Este es el primero y el más importante de los mandamientos. El segundo se parece a éste: 'Ama a tu prójimo como a ti mismo'". Este es el resumen de lo que más le importa a Jesús. De hecho, concluye con las palabras: "De estos dos mandamientos dependen toda la ley y los profetas" (Mt 22.35-40).

En otra ocasión, Jesús abordó la cuestión de lo esencial al dirigir la atención de sus oyentes hacia el día del juicio final. Aquellos que serán salvos, declaró Jesús, no son aquellos que conocen las respuestas correctas (aquellos que dicen "Señor, Señor"), sino aquel que "hace la voluntad de mi Padre". La evaluación final en el día del juicio final será la calidad del fruto que uno ha dado. "Un árbol bueno no puede dar fruto malo, y un árbol malo no puede dar fruto bueno… Así que por sus frutos los conocerán" (Mt 7.18-22).

Los educadores son jardineros que asisten el cultivo de las vides vivientes que al final darán su fruto. Aunque el milagro de la vida no está en nuestras manos, nuestro rol en el proceso es vital. Podemos hacer mal nuestra tarea y causar incluso grandes daños. Pero nuestro objetivo es nutrir la vida, la salud y la integridad de la planta que nos han confiado. Esto significa mantener a raya las malezas y cuidar a la planta de las plagas. También significa prestarles atención especial a cada planta y a la combinación del suelo y el fertilizante que mejor promueva su crecimiento.

Sin embargo, al final, no es el jardinero el que produce el fruto. Una planta florece y da fruto sólo si permanece unida a la vid que le da vida y la sostiene. Dicho en las palabras del Salmo 34.8: "Prueben y vean que el Señor es bueno".

Mantener viva la conversación

Hacer las preguntas difíciles

Cierta tarde de primavera recibí una llamada telefónica de un pastor menonita de una zona que había visitado recientemente. La congregación de Joe había apoyado incondicionalmente la educación menonita durante muchos años, especialmente a la escuela menonita local, que ofrecía jardín, primaria y secundaria. En el vestíbulo de la iglesia siempre había folletos que promocionaban la escuela. Los coros de la escuela visitaban frecuentemente a la iglesia. Miembros de la iglesia brindaban su trabajo voluntario en los eventos que la escuela organizaba para recaudar fondos y la congregación apoyaba generosamente a la escuela con su presupuesto y un plan de padrinazgo escolar.

Sin embargo, según el pastor, el apoyo entusiasta que antes fue tan evidente estaba menguando lentamente. Los padres de jóvenes que asistían a las escuelas públicas locales comenzaron a manifestar la preocupación de que sus hijos se sentían marginados. Esto no era intencional, pero la conversación informal y la actividad social fuera del grupo de jóvenes giraban en torno a las actividades en la escuela menonita. La congregación luchó por cubrir su presupuesto durante varios años. Aquello que había sido solo quejas por lo bajo en las reuniones administrativas de la iglesia se manifestaba ahora abiertamente convertido en dudas sobre el porcentaje del presupuesto destinado a la educación menonita. Cuando el costo de la matrícula comenzó a incrementar, algunos miembros empezaron a comparar desfavorablemente dichos números con la suma que la congregación destinaba a las misiones.

Joe continuó su relato con otras preocupaciones que habían surgido. El año anterior, los padres de un niño con discapacidades se habían enterado con desilusión de que la escuela no contaba con personal adecuado para brindar apoyo a un nivel comparable con el de las escuelas públicas. En la misma época, una alumna de la escuela menonita había recibido una sanción por violar una de las políticas de la escuela. Sus padres consideraron que el castigo fue injusto y manifestaron su preocupación en la clase de escuela dominical. En la misma clase de escuela dominical, varios miembros de la congregación, que eran maestros en escuelas públicas, aprovecharon la ocasión para expresar su resentimiento sobre el juicio implícito en la elección contra la educación pública. Sentían que no se valoraba su servicio como testimonio cristiano en la escuela pública. Según sugerían, optar por la escuela de la iglesia era retirarse del "mundo real".

El apoyo a la escuela que en un momento había parecido tan obvio estaba mermando claramente. Toda la comunidad manifestó su entusiasmo cuando el equipo de básquet de la escuela secundaria pública asistió al campeonato estatal. Los niños de la congregación hablaban animadamente sobre el equipo y usaban camisetas con la insignia de la escuela. Entre las familias jóvenes de la iglesia, la tendencia parecía estar girando en contra de enviar a sus hijos a la escuela menonita.

Joe sentía ahora la presión de mantener unida a una congregación dividida. Los argumentos que antes parecían tan obvios a favor de la educación menonita ya no estaban tan claros. "Siento que estoy en un aprieto", decía Joe. "Por un lado, creo realmente en la educación cristiana. Pienso que es lo correcto para nuestros hijos y para el futuro de la iglesia. Quiero apoyar la educación menonita. Por el otro lado, puedo comprender las preocupaciones de aquellos que envían a sus hijos a la escuela pública. Si apoyo visiblemente la escuela menonita solo se profundizaría el conflicto".

Siempre es riesgoso generalizar a partir de una historia individual. Cada congregación tiene una experiencia diferente en la historia de su actitud hacia la educación relacionada con la iglesia. No obstante, aunque los temas a tratar no se presten a respuestas simples, claras o siquiera correctas, las preocupaciones que Joe detalló eran sinceras y las tensiones presentes en su congregación eran genuinas.

En este capítulo ofrezco una primera respuesta a algunas de las preguntas difíciles sobre la educación menonita que surgen con frecuencia entre padres, pastores, maestros, miembros de junta y directores. Como en los capítulos anteriores, mi intención al brindar estas respuestas no es ser defensivo ni definitivo. Por cierto, deseo argumentar a favor de la educación menonita. Pero mi objetivo es movilizar la conversación de manera clara y saludable, y no ponerle fin a un debate mediante argumentos irrefutables.

Abordar las preguntas difíciles: para los padres

1. *¿Qué diferencia marca enviar a mis hijos a una escuela menonita?*

Los padres que busquen alguna garantía de que enviar a sus hijos a una escuela menonita resultará en un buen empleo, una fe cristiana inquebrantable y una vida de servicio a la iglesia probablemente se desilusionarán. Aunque varios estudios sugieren que asistir a las escuelas menonitas se correlaciona con una posibilidad incrementada de continuar en el servicio a la iglesia en algún aspecto del ministerio —por ejemplo, en el servicio voluntario, el trabajo misionero, el pastorado o el liderazgo denominacional—, *correlación* no es lo mismo que *causalidad*. Es decir, ningún estudio ha demostrado con absoluta certeza que asistir a una escuela menonita sea la variable crucial y única ligada de manera estadísticamente significativa a un resultado vocacional o religioso predecible. Es posible, por ejemplo, que las mismas familias acogedoras y las congregaciones sustentadoras que apoyan y defienden la educación menonita para sus hijos también jueguen un papel fundamental en moldear un trayecto de vida que lleve al servicio en la iglesia.

Así como una semilla requiere una combinación maravillosamente compleja de variables para germinar y florecer, nutrir la fe cristiana en los jóvenes también depende de muchos factores. Todo jardinero sabe que existen algunas variables que no puede controlar. Pero crear las condiciones óptimas para el crecimiento aumenta en gran medida las posibilidades de un resultado ideal.

Considere lo siguiente: cualquiera que ha sido padre reconoce que la tarea de criar a un hijo es abrumadora si todo descansa únicamente en los hombros de los padres. Durante los primeros cinco años de la vida de un niño, las tareas de los padres se comparten frecuentemente con la familia extendida, amigos cercanos o miembros de la iglesia. No obstante, en nuestra cultura, el contexto *principal* para la educación de nuestros hijos después de los cinco años hace un giro dramático. No es que los padres dejen de estar involucrados, pero cuando el niño ingresa al jardín, el rol del padre se modifica considerablemente. Durante los doce o dieciséis años siguientes —algunos de los años más formadores de la vida de una persona—, los padres le confían la educación de sus hijos al estado. El niño pasa la mayoría de sus horas de vigilia en la escuela durante nueve o diez meses al año, en vez de en la casa.

Sin embargo, las escuelas públicas de Estados Unidos están obligadas legalmente a enmarcar dicha educación en una modalidad explícitamente secular, para asegurar que el contexto y el contenido de la educación pública no estén influenciados visiblemente por ningún tipo de compromiso religioso. Nunca sugeriría que el contexto de la escuela pública sea malo ni que a los niños educados en escuelas públicas les lavan el cerebro con una visión del mundo carente de fe. Pero si yo, como padre, estoy comprometido con un conjunto particular de convicciones religiosas y éticas —convicciones que han moldeado profundamente mi visión del mundo y mi marco de referencia para la toma de decisiones morales—, también quiero que mis hijos transiten este período formador de sus vidas en la compañía de maestros que comparten estos mismos valores básicos. Quiero que mis hijos estén inmersos en un currículo que refleje estas convicciones. Quiero que mi hijo construya relaciones duraderas con pares cuyas familias también estén comprometidas con convicciones similares.

Asistir a una escuela menonita no significa que su hijo se hará cristiano automáticamente, se comporte éticamente en cada circunstancia y permanezca para siempre en la iglesia. Sin embargo, una crianza sostenida en una comunidad cristiana de adultos y pares que comparten ideas similares ayuda a inclinar el trayecto del desarrollo. Es una variable importante en el dinámico y complejo contexto mayor en el cual muchos jóvenes orientan sus vidas y toman decisiones fundacionales para su futuro.

El contexto y el contenido de la educación sí importan. Es una de las numerosas inversiones que los padres hacen para el futuro de sus hijos, aunque ningún asesor de admisión pueda garantizar con absoluta certeza cómo cada niño particular responderá a dicho ambiente educativo.

2. ¿Cuánto vale la educación menonita? ¿Cuál es el punto de inflexión en lo financiero?

Las familias que luchan con pagos de hipoteca, recargos de cobertura social y las necesidades básicas de la vida diaria pueden sentir que presupuestar miles de dólares en la matrícula de una escuela menonita es un desafío abrumador —especialmente cuando la alternativa de la escuela pública es gratuita y las universidades públicas son generalmente más económicas que las menonitas. Estas son preocupaciones valederas que a cierto nivel solo pueden evaluarse con base en las circunstancias individuales. No obstante, aquí se presentan algunos temas a considerar.

En décadas recientes, el costo de la educación en todas las escuelas —tanto las públicas como las privadas— ha aumentado más rápidamente que la tasa general de inflación. La educación en todos los ambientes se ha hecho más costosa. Un factor que causó el incremento del costo de la matrícula en las escuelas menonitas ha sido el hecho de que también los padres y los alumnos tienen expectativas cada vez más altas. Hemos llegado a pretender instalaciones bien mantenidas, clases de grupos pequeños, la última tecnología, una amplia variedad de opciones de materias, muchas opciones extracurriculares y sueldos de maestros y directores proporcionales a las escuelas públicas locales. De hecho, el costo real de la educación en la actualidad es en verdad demasiado alto para cubrirlo sólo con el ingreso de la matrícula. Los directores se enfrentan a las presiones de generar dinero adicional a través de contribuciones directas, eventos anuales para recaudar fondos y donaciones. Cuando estas fuentes de ingresos se ven comprometidas, el costo de la matrícula se incrementa para compensar. El riesgo es que, con el tiempo, las escuelas menonitas sean accesibles solo para los pudientes.

Frente a estos desafíos, ¿cuáles son las opciones? En primer lugar, las escuelas han presentado casi siempre la posibilidad de ofrecer cierta ayuda económica según la necesidad. Esto sucede de diversas formas. A veces, la escuela ofrece una beca directa, financiada por una donación o por padrinos generosos. A veces, la escuela ayuda a facilitar préstamos a bajo interés para familias que necesitan ayuda económica. Otras veces, los abuelos o miembros de la familia extendida costean la matrícula, o los alumnos mayores terminan de pagar los gastos con ingresos de algún trabajo en el verano o por las tardes. A veces, las escuelas establecen alguna forma de intercambio laboral por el cual algún miembro de la familia puede brindar trabajo de mantenimiento en el predio, en la oficina o como agente de seguridad a cambio de parte de los costos de la matrícula.

No obstante, la ayuda económica principal ha venido tradicionalmente de las congregaciones locales. La mayoría de las escuelas establecieron planes de padrinazgo con congregaciones sustentadoras para ayudar a compartir el costo de la educación. Por lo general, se entiende que dichos planes suplementan los gastos de matrícula de los padres, pero no absorben el total de los gastos. Sin embargo, ese apoyo adicional marca frecuentemente la diferencia crucial al decidir si se concreta o no la inscripción. Según el conocido proverbio, "se necesita un pueblo para criar a un hijo". En los contextos modernos, uno de los roles del pueblo es compartir los gastos económicos de la educación basada en la iglesia. Los planes de padrinazgo son una forma de practicar la ayuda mutua en las congregaciones. Dicha ayuda se invierte en la vida de los jóvenes y en el futuro de la iglesia.

Al final, el hecho de aceptar los desafíos económicos de una educación relacionada con la iglesia se reduce frecuentemente a una cuestión de prioridades. ¿Cuán importante es esta decisión para usted y su familia? Las circunstancias individuales pueden variar enormemente, pero en comparación con el resto del mundo, los norteamericanos tienen un gran excedente de ingresos, especialmente si consideramos lo que gastamos actualmente en cosas como planes de teléfonos celulares, televisión satelital, alquiler de películas, comer en restaurantes, vacaciones o autos costosos. Generalmente no pensamos en estos términos, pero tomar cada mañana una taza de café de Starbucks, que cuesta tres dólares, suma más de mil dólares al año.

Nuestros presupuestos reflejan nuestras prioridades. Gastamos nuestro dinero en lo que más nos importa. En la mayoría de los casos, las familias que se comprometen a enviar a sus hijos a las escuelas menonitas pueden encontrar la manera de hacerlo, aunque ello signifique reordenar algunas prioridades económicas.

3. ¿Por qué debo pagar impuestos que financian la escuela pública y pagar además gastos de matrícula?

En la mayoría de los estados, las escuelas menonitas no reciben dinero público o reciben muy poco. Por lo tanto, la porción de los impuestos federales, estatales y locales que los padres pagan para apoyar la educación pública no beneficia directamente a las familias que envían a sus hijos a las escuelas menonitas.

Aunque la lógica económica de esta preocupación puede ser clara, queda igualmente claro que pertenecemos a comunidades que son más grandes que nuestra congregación particular o que la escuela menonita local. Al margen de la posición individual de apoyar o no la educación relacionada con la iglesia, todos los cristianos deberían "[buscar] el bienestar de la ciudad" (Jer 29.7 NVI) y promover el bienestar de su comunidad, incluyendo a las escuelas públicas locales. El fuerte apoyo a las escuelas menonitas nunca debería estar en conflicto con el deseo de que exista la mejor educación posible a través del sistema de la escuela pública.

Aunque algunos defensores de la escuela basada en la iglesia han presionado fuertemente para crear un sistema de becas gubernamentales que les permitiría a los padres darle dinero de los impuestos a la escuela primaria o secundaria que elijan, incluyendo a escuelas cristianas privadas, las escuelas pertenecientes a la tradición anabautista menonita pueden tener legítimas reservas sobre tales iniciativas. Más allá del principio de la separación de la iglesia del Estado (por ejemplo, no aceptar que el dinero de impuestos públicos financie un currículo basado en la iglesia), puede ser realmente bueno para las escuelas menonitas continuar dependiendo de las contribuciones de individuos y congregaciones. Dicha dependencia ayuda a sostener niveles más altos de responsabilidad con la iglesia, una base más fuerte de apoyo comprometido mediante el padrinazgo y menos obligación con el Gobierno en cuanto a las políticas, el currículo y los compromisos particulares de la escuela.

Este panorama es algo diferente a nivel de las universidades. Durante muchos años, las universidades han tenido algunos tipos de fondos estatales y federales a su disposición. De manera que en forma individual, los estudiantes universitarios pueden calificar para recibir fondos estatales o federales para becas, préstamos o programas de estudio y trabajo administrados por la escuela. Las universidades menonitas reciben ocasionalmente donaciones directas del Gobierno, generalmente para iniciativas relacionadas con la tecnología o las instalaciones, especialmente en el área de las ciencias. De modo que aunque sea con frecuencia de manera indirecta, parte del dinero de los impuestos sustenta a las escuelas relacionadas con la iglesia.

En cualquiera de los casos, sin dudas es posible afirmar fuertemente la opción de la educación menonita y apoyar también la educación pública.

4. ¿No sería un testimonio misional más fuerte si enviáramos a nuestros hijos a escuelas públicas?

Un argumento en contra de la educación menonita —especialmente en los años de primaria y secundaria— surge de los miembros de la congregación que consideran que enviar a sus hijos a las escuelas públicas locales es una manera de dar testimonio cristiano. Retirar a los niños de las escuelas públicas parecería disminuir nuestro potencial de ser "sal y luz" en este contexto público importante.

Este argumento, que suena razonable y noble, merece un análisis más cuidadoso. El apoyo a la educación relacionada con la iglesia no debe malinterpretarse como un antagonismo hacia la escuela pública. La mayoría de los financiadores de la educación cristiana continuarán pagando impuestos que sustentarán al distrito escolar local, y es probable que muchas personas de su congregación sirvan en las escuelas públicas como directores, maestros o personal de apoyo. Pero la cuestión de lo que significa ser *misional* es más compleja de lo que esta crítica generalmente implica.

En primer lugar, el argumento de que nuestros niños en edad escolar deberían ser "sal y luz" en las escuelas públicas

—especialmente durante los años de primaria y secundaria— puede ignorar muy rápidamente el hecho de que la primera tarea misional de todos los padres cristianos está dentro de su propio hogar: para aquellos que pertenecen a la tradición de una iglesia de creyentes que no bautizan a los bebés, los niños son el primer campo de misión. El argumento tiende a ser demasiado optimista sobre el nivel de formación cristiana que actualmente se da en el hogar y en la iglesia. Supone que los niños ya son cristianos formados, comprometidos y maduros —que la formación cristiana en casa y en la iglesia ha sido suficiente para formar el carácter de los niños de tal manera que están preparados para dar testimonio cristiano en contextos donde pueden ser una minoría.

En algunas instancias, puede ser que este sea el caso. Pero también es posible que dicho panorama sea simplemente un deseo de los padres. La formación cristiana en la tradición anabautista menonita no es simplemente cuestión de evocar una respuesta verbal de un niño que puede responder: "Sí, yo quiero seguir a Jesús". Tanto una confesión pública de fe como el bautismo son cruciales en el camino, pero tales acciones no convierten a nuestros hijos instantáneamente en misioneros. Los cristianos jóvenes necesitan exponerse a las Escrituras. Necesitan práctica para integrar las Escrituras a la toma diaria de decisiones. Necesitan crecer en los hábitos de ver al mundo a través del lente de su propio compromiso con Cristo.

El argumento puede colocar además a los niños en un nivel de rendición de cuentas que los padres no han escogido para sí mismos. Una prueba de este argumento es preguntarnos sobre la naturaleza de nuestro testimonio cristiano en nuestro ambiente laboral. ¿Cuán fácil es para mí hablar libremente de mi fe o invitar a mis colegas a la iglesia? Si dudamos al responder, ¿cuán realista es esperar esto de los niños?

No estoy argumentando que se necesita proteger a los niños de la exposición al mundo hostil a cualquier costo ni que necesitamos alcanzar cierto nivel estándar de madurez espiritual antes de poder dar testimonio de nuestra fe. No obstante, podría ser ingenuo o incluso una actitud inocente de los padres insistir en enviar a sus hijos a escuelas públicas en un rol de testigos misioneros.

5. Si los niños no asisten a la escuela pública, ¿cómo aprenderán a defender sus convicciones?

Otra preocupación muy relacionada sugiere que enviar a los niños a una escuela menonita los aislará artificialmente de las realidades del mundo. Las escuelas de la iglesia, según este argumento, son una burbuja. Protegen a nuestros niños del mundo real.

Aunque esta preocupación puede sonar persuasiva inicialmente, no es muy convincente. En primer lugar, hoy en día pocos jóvenes están verdaderamente aislados del mundo en cualquier sentido significativo, sin importar a qué escuela asistan. Las poderosas realidades de la tecnología, los medios masivos y las propagandas garantizan que todos los jóvenes estén moldeados profundamente por la cultura moderna de algún modo.

En segundo lugar, las escuelas relacionadas con la iglesia no son islas. Por cierto, esperamos que la cultura de una escuela menonita sea diferente a la de una escuela pública. Sin embargo, los alumnos de todas las escuelas de la iglesia vienen de trasfondos diversos, y experimentan los mismos desafíos de la adolescencia y de la vida de jóvenes adultos que sus pares en escuelas públicas. Sus inseguridades pueden llevar a desórdenes alimenticios o a la depresión; las drogas y el alcohol los tientan; y el dolor profundo del divorcio, la violencia doméstica y el abuso sexual los superan en ocasiones. El propósito de la escuela relacionada con la iglesia no es aislar a los alumnos de estas realidades, sino responder a las mismas desde un marco de referencia particular. Por ejemplo, hay una diferencia entre que el asesoramiento principal de los alumnos respecto a la sexualidad adolescente se aborde a modo de advertencias médicas sobre enfermedades de transmisión sexual y consejos sobre la práctica del sexo seguro, y que esté anclado en una visión que considere que nuestros cuerpos están creados a imagen de Dios, y que las relaciones se cimientan en la dignidad y en un respeto por el otro que refleja el carácter de Cristo.

Todo esto puede sonar idealista. No existe ninguna garantía de que los alumnos de las escuelas menonitas respondan siempre apropiadamente a los desafíos que enfrentan. Pero los jóvenes de las escuelas menonitas sí se encuentran con las tentaciones y confusiones del pecado y tienen más que suficientes oportunidades para defender sus convicciones. La esperanza es que lo hagan en un contexto de mentores que modelen alternativas a las normas sociales, que provean un lenguaje para ver más allá de las ilusiones del mundo, y que los acojan en una comunidad dispuesta a pedirles que rindan cuentas por sus acciones y además pueda perdonarlos y restaurarlos a la comunidad cuando cometan errores.

6. Si los niños no asisten a la escuela pública, ¿cómo se expondrán a la diversidad transcultural?

Otra variación de esta preocupación es que los niños que asisten a las escuelas relacionadas con la iglesia tienen menos oportunidades de exponerse a la diversidad racial, cultural, económica y religiosa de la comunidad local. Según este argumento, al asociarse sólo con la monocultura de los menonitas étnicos blancos, se pierden la riqueza y las complejidades de la vida social del mundo real.

Esta descripción puede ser cierta como memoria cultural; y aun puede ser cierta para algunas escuelas de la actualidad. No obstante, la mayoría de las escuelas menonitas contemporáneas reflejan la diversidad de las comunidades a las cuales pertenecen. De hecho, tienden a estar más adelantadas que muchas escuelas públicas en la promoción de una conciencia más profunda de las realidades transculturales y las perspectivas globales o internacionales.

Debería quedar claro además que la proximidad a la diversidad cultural no es lo mismo que la interacción transcultural significativa. Visite la cafetería de una escuela secundaria pública, observe la conformación de las clases de nivelación avanzada, la membresía de clubes, las bandas de música, la sociedad de honor o los participantes de viajes de estudio de idioma. Casi siempre, estos ambientes están bastante segregados culturalmente. El simple hecho de asistir a una escuela con un alumnado culturalmente diverso no es lo mismo que vivenciar encuentros amables con la realidad de la diversidad cultural y étnica.

Sumado a la creciente diversidad racial, cultural y económica evidente en muchas escuelas de MEA, las escuelas menonitas también ofrecen a sus alumnos oportunidades para viajes de servicio, proyectos de voluntariado comunitario y otras ocasiones para explorar la riqueza de las relaciones transculturales e internacionales. Muchas personas que trabajan en las escuelas menonitas han vivido parte de su vida sirviendo, brindando asistencia humanitaria o en misiones fuera de Norteamérica. Su pedagogía y sus aulas reflejan estas experiencias. Las tareas del aula enfocadas en numerosas culturas y en una conciencia más amplia del mundo más allá de las fronteras nacionales promueven un respeto saludable por las diferencias y alberga una visión del mundo infundida de un compromiso de tratar a todas las personas como hijos de Dios. Si esto es cierto sobre las escuelas menonitas de nivel medio y secundario, es aún más cierto sobre las universidades menonitas, que incluyen frecuentemente experiencias transculturales de servicio como parte del requisito de educación general, incorporan temas internacionales en todo su currículo e inscriben a un número importante de alumnos internacionales.

Sin embargo, todos estos esfuerzos no significan que los alumnos internalicen siempre los hábitos del respeto y la sensibilidad transcultural. Pero no existe evidencia que sugiera que los alumnos de ambientes educativos menonitas tengan significativamente menos exposición a la diversidad cultural que sus pares de escuelas públicas.

Abordar las preguntas difíciles: para pastores y congregaciones

1. ¿Qué hacemos con las tensiones que existen en la congregación entre familias que han tomado decisiones diferentes?

Las congregaciones que apoyan la educación menonita de una manera u otra tendrán además miembros cuyos hijos asistan a escuelas y universidades públicas. En pocas congregaciones existe unanimidad en cuanto al apoyo a la educación relacionada con la iglesia. Debido a que la decisión de asistir a una escuela de la iglesia se enmarca claramente en el contexto de una crianza cristiana e involucra siempre un compromiso económico real, existe una alta probabilidad de conflicto en la congregación sobre estas decisiones.

La naturaleza de estas tensiones puede inclinarse hacia cualquiera de los dos lados. Aquellos que asisten a escuelas menonitas frecuentemente sienten que son una minoría y que deben defender su elección ante sus pares y otros miembros. Otras veces, los estudiantes de las escuelas públicas y sus familias se sienten aislados y marginados —juzgados implícitamente— por aquellos que han optado por las escuelas basadas en la iglesia. La resolución de estos conflictos requiere mucha sabiduría y sensibilidad, especialmente por parte de los pastores y líderes de jóvenes, quienes con frecuencia son más conscientes de los conflictos subyacentes que los padres o miembros mayores que están un poco más alejados de las dinámicas sociales.

Las tensiones como estas pueden surgir también en otras situaciones, no solo al elegir la escuela (pública o de la iglesia), sino además entre alumnos que asisten a diferentes distritos escolares. Por cierto, la congregación necesita expresar su apoyo a las actividades, los logros y el bienestar de todos los jóvenes de la congregación. Los responsables de jóvenes deberían monitorear la atención pública que reciben las obras de teatro, los eventos musicales, los eventos para recaudar fondos, los deportes y los logros académicos —asegurándose de que todas las escuelas reciban una visibilidad apropiada. Los grupos de jóvenes deberían comprometerse a asistir a los eventos de todas las escuelas para apoyar a cada uno de los alumnos.

Las congregaciones que se comprometen a proveer de recursos a las escuelas de la iglesia lo hacen porque piensan que estas son una buena opción. No deberían disculparse por su decisión. Sin embargo, las congregaciones saludables reconocerán que las circunstancias individuales pueden diferir, y la iglesia debería comprometerse a respetar y honrar las decisiones de cada familia.

2. ¿Qué porcentaje del presupuesto de la iglesia debería destinarse a las escuelas menonitas?
La pregunta sobre el porcentaje del presupuesto de la iglesia que debería dedicarse a la educación cristiana está cargada de potencial para el conflicto. Al igual que en el matrimonio, las discusiones sobre el dinero son frecuentemente el terreno más traicionero para las relaciones dentro de la iglesia. Los presupuestos son declaraciones visibles sobre las prioridades. Si el presupuesto se complica al final del año fiscal, algunos compromisos congregacionales —los impuestos de servicios, los pagos de la hipoteca de la iglesia, el sueldo del pastor— no parecen ser tan negociables. Sin embargo, la cantidad que destinamos a las misiones o a la educación cristiana parece en ocasiones más flexible.

Para aquellos que apoyan a las escuelas de la iglesia, la educación cristiana es claramente una forma de misión. Dado que nuestros hijos no son bautizados en la iglesia como infantes, tenemos una responsabilidad como padres y congregación de nutrirlos hacia la fe. No obstante, la decisión de seguir a Cristo no puede forzarse. En este sentido, los niños y adultos jóvenes son una parte importante del campo de misión de la congregación. Si no podemos encontrar maneras encantadoras de presentar las buenas nuevas del evangelio a los que están más cerca de nosotros —invitarlos a la fe y nutrirlos conscientemente durante ese camino de fe—, es bastante osado pensar que tenemos algo que decir a personas que apenas conocemos y que viven del otro lado del mundo. En este sentido, la educación relacionada con la iglesia es simplemente una extensión de la escuela dominical o del programa de escuela bíblica en las vacaciones. Es una expresión de la educación cristiana que ya es parte de la trama del esfuerzo misional de la iglesia. Otros, de igual manera, se inclinan mucho más hacia considerar el apoyo de la congregación a las escuelas de la iglesia como un tipo de lujo autocomplaciente: un acto potencialmente egoísta de gastar dinero en nosotros mismos en lugar de usarlo para misiones "reales".

Para responder a estas tensiones, algunas congregaciones han intentado distinguir entre los gastos internos y externos del presupuesto de la iglesia —o entre las misiones domésticas y en otros países— y han desarrollado fórmulas que indexan estas partes del presupuesto entre sí mediante un porcentaje o índice fijo. De esta manera, una congregación podría decir que el nivel de su apoyo a la educación relacionada con la iglesia nunca excederá la cantidad que contribuye a las formas más tradicionales de misión. Otras congregaciones evitan esta cuestión del todo, eliminando parte o todo el apoyo económico a las escuelas de la iglesia del presupuesto anual y creando en su lugar un fondo de ofrendas designadas para esas escuelas. Aquellos miembros de la congregación que desean apoyar la educación cristiana podrían contribuir con dólares designados, mientras que los demás pueden sentirse bien apoyando otras formas de misión. Establecer un fondo designado resuelve algunas tensiones internas y puede resultar una buena solución. Pero el principio del fondo designado abre la puerta a otras preguntas más grandes sobre cómo la congregación determina las prioridades compartidas; se corre el riesgo de establecer un antecedente para la creación de numerosos fondos designados en pos de una amplia variedad de intereses individuales que se desconectan de la visión mayor de la congregación. Como en el caso de todas las preguntas difíciles, las congregaciones tendrán que comunicarse con claridad, tener un proceso transparente para la toma de decisiones y tratarse con gentileza y caridad aun en medio de profundos desacuerdos.

3. Si las congregaciones brindan apoyo (como las becas de matrícula compartidas) a los alumnos que asisten a universidades menonitas, ¿por qué no brindarlo también a los alumnos de todas las universidades cristianas?

Algunas congregaciones brindan apoyo económico directo a estudiantes de universidades menonitas, con frecuencia en la forma de un fondo que iguala una beca de matrícula que ofrece la escuela. Por lo general, las congregaciones consideran que este apoyo a la educación superior menonita se compara con otros aspectos del presupuesto de la iglesia que financian programas de la iglesia general. Sin embargo, a los alumnos que asisten a escuelas cristianas que no se relacionan con la tradición anabautista menonita, esta forma de apoyo colectivo puede parecerles exclusivista: ¿acaso la congregación no valora su elección de asistir a una escuela cristiana, que aunque no sea menonita tiene una fuerte reputación por sus valores y compromisos religiosos? En el centro de estas preocupaciones está la pregunta sobre la relevancia de la identidad denominacional.

Desde la perspectiva de la congregación, la afirmación que se expresa en una beca para asistir a una escuela menonita no es por la educación en general, aunque los miembros piensen que esto es algo positivo. Tampoco significa apoyar una forma de educación genéricamente cristiana. En cambio, las congregaciones reconocen que la denominación a la que han decidido afiliarse —junto a sus diversos programas de misión, trabajo de servicio y asistencia humanitaria, ayuda mutua, publicación y educación— existe solo en la medida en que los miembros de la iglesia reconocen y valoran el trabajo que realiza para su beneficio. Existen obviamente numerosas agencias de misión merecedoras que buscan apoyo económico; pero las congregaciones menonitas dirigirán lógicamente la mayor parte de su apoyo económico para misiones a una agencia de misión de la conferencia o a la Red Menonita de Misión. Asimismo, existen docenas de organizaciones de servicio y asistencia humanitaria relacionadas con la iglesia, pero las congregaciones que se declaran *menonitas* apoyan por lo general al Comité Central Menonita o al Servicio Menonita de Desastres. Claro que individuos privados de la iglesia podrían contribuir generosamente a una amplia variedad de agencias. Pero el presupuesto de la iglesia es una expresión de la identidad colectiva.

Considere la siguiente analogía. Imaginemos que un programa de Agricultura Apoyada por la Comunidad (*Community Supported Agriculture*, CSA, por sus siglas en inglés) local pudiera ofrecer a sus miembros un descuento del diez por ciento en verduras frescas obtenidas en diversos mercados de productores locales. Un miembro solicita que la organización extienda dicho beneficio para cubrir además las verduras compradas en una cadena de supermercados nacional o en una tienda de precios bajos. Después de todo, uno podría argumentar, la comida que se compra en estos negocios también tiene valor nutritivo. No obstante, sería perfectamente razonable que CSA sostenga su política de ofrecer el descuento sólo para los artículos obtenidos en los mercados de productores locales.

El apoyo congregacional que se destina a las universidades menonitas no debería considerarse un juicio moral a otros grupos, sino simplemente la consecuencia de una elección de identificarse con un grupo particular.

Abordar las preguntas difíciles: para directores y miembros de junta

1. ¿Deberían nuestras escuelas ser visiblemente "menonitas" o simplemente "cristianas"?
Muchas escuelas afiliadas a MEA se establecieron en comunidades menonitas durante épocas de agitación cultural, con la

intención explícita de promover las particularidades teológicas menonitas y a la vez proteger a los jóvenes de las influencias de la cultura circundante. Las escuelas de la iglesia eran un medio de reforzar las enseñanzas de las congregaciones locales, especialmente al relacionarse con las creencias y prácticas particulares menonitas.

A medida que los menonitas se asimilaron a la cultura convencional, estos objetivos han parecido menos urgentes. Como resultado, especialmente frente a la presión de aumentar el número de inscriptos, muchas escuelas menonitas han comenzado a resaltar el carácter "cristiano" general de sus instituciones más que las cualidades menonitas particulares. Como consecuencia de este hecho, algunas escuelas han puesto mayor énfasis en las misiones entre no cristianos o familias que no asisten a la iglesia.

Por un lado, esto se puede ver como una evolución agradable. En la medida en que los menonitas participan de la historia de Dios, compartimos mucho ADN espiritual con la iglesia cristiana más amplia, protestantes y católicos por igual. Ningún grupo puede crearse a sí mismo de la nada. De hecho, la tradición anabautista menonita tiene una gran deuda con las corrientes más amplias del cristianismo, pasando por los movimientos del avivamiento estadounidense, el pietismo europeo y la Reforma protestante. Aparte de eso, la tradición anabautista contiene rastros del humanismo cristiano del Renacimiento, de las tradiciones monásticas de Francisco de Asís y Benito de Nursia, de los escritos teológicos de la iglesia primitiva y de la herencia compartida de las Escrituras cristianas. Los menonitas de la actualidad reconocen que son miembros de la comunión mayor de la iglesia cristiana y tienen el deseo de encontrar puntos en común con hermanos y hermanas en Cristo de todo el mundo.

Al mismo tiempo, nuestro testimonio en el mundo está siempre encarnado en una identidad específica —en una cultura, tradición y comunidad que adoptan una forma particular. No existe testimonio cristiano fuera de su expresión en relaciones particulares y culturalmente encarnadas que reflejan una clara orientación teológica. No existe una identidad cristiana genérica.

La tradición anabautista menonita supone que las buenas nuevas del evangelio siempre se expresarán de manera encarnacional y se harán visibles en un estilo de vida comprometido con seguir las enseñanzas de Jesús, incluyendo el mandato de Cristo de amar aun a aquellos que podríamos considerar nuestros enemigos. Supone que, a veces, la lealtad a Cristo puede estar en conflicto con las prioridades de la familia, la seguridad económica, la moda cultural y el egoísmo nacional. Supone que la iglesia no es simplemente una reunión de individuos sino una comunidad viva cuya vida disciplinada de ayuda mutua, su práctica de dar y recibir consejo y su servicio al mundo ofrecen un testimonio colectivo de la fe cristiana. Por cierto, dichos énfasis no pertenecen solo a los menonitas, pero juntos han otorgado a la tradición anabautista menonita un carácter y una coherencia particulares durante cinco siglos.

La expresión explícita de estas características particulares puede sonar a veces excluyente o arrogante. No obstante, las particularidades de un tipo u otro son inevitables, y estas diferencias contribuyen al mosaico mayor de la iglesia cristiana. Las escuelas afiliadas a MEA deberían ser claras en que están enseñando dentro de la tradición anabautista menonita. Nadie que asista a Notre Dame debería sorprenderse al descubrir un claro énfasis en la teología católica o la práctica periódica de la misa. Nadie que asista a una yeshivá judía debería sorprenderse al enterarse de que no se sirve carne de cerdo en el comedor. De igual manera, a alguien que asiste a una escuela menonita no debería parecerle extraño descubrir un énfasis fuerte en el servicio, hacer la paz o la comunidad. Usted podría estar en desacuerdo con estas creencias y escoger no enviar a sus hijos a tales escuelas. Pero debemos recordar que las enseñanzas características son la razón por la que tales escuelas existen. De modo que es mejor ser franco, explícito y acogedor sobre su identidad en lugar de sentirse avergonzado, ser dubitativo o estar confundido.

Si queremos insistir en que los menonitas son básicamente iguales a todos los demás cristianos protestantes —si las características menonitas son simplemente rarezas de la idiosincrasia o accidentes culturales—, no existe razón para continuar como una denominación particular. Por cierto, sería más consistente disolver la Agencia Menonita de Educación y dejar de llamar 'menonitas' a nuestras escuelas e iglesias.

La identificación explícita de las escuelas como menonitas podría resaltar aspectos de la educación cristiana que no agraden a todos. Pero este debería ser el comienzo de la conversación, no el final. Existe la posibilidad de que dicha conversación avance de manera humilde, acogedora y encantadora sin necesidad de esconder el hecho de que tenemos una identidad particular.

2. *¿Deben todos los miembros de la junta pertenecer a la tradición anabautista menonita?*

Esta pregunta no entró en cuestión durante la mayor parte de la historia de las escuelas afiliadas a MEA. La gran mayoría de las escuelas menonitas comenzaron con la iniciativa de congregaciones menonitas locales, con la suposición de que quienes invertirían más profundamente en la misión y la identidad de la escuela serían los miembros de estas congregaciones sustentadoras. Aunque las escuelas menonitas reciben hace mucho tiempo a alumnos que no son menonitas y casi siempre han incluido a profesores no menonitas en su personal, la junta en sí mantuvo una firme base menonita.

En años recientes, el tema se volvió más complicado. Como resultado de las nuevas estrategias de misión o las presiones presupuestarias de expandir la matrícula, el porcentaje de alumnos no menonitas se ha incrementado regularmente en la mayoría de las escuelas menonitas. Por la tanto, la cuestión de la representación en los niveles altos del liderazgo surge inevitablemente. Este tema se agudiza durante las campañas de capital, debido a que los individuos o grupos que hacen contribuciones significativas pretenden siempre tener voz en la participación del futuro de la escuela a largo plazo.

Las juntas y los constituyentes sustentadores necesitan ser muy cuidadosos en sus respuestas. Ellos son quienes definen en última instancia la misión y la visión de la escuela. Las juntas definen las prioridades y comunican las convicciones teológicas a través del currículo y las políticas. Quizás lo más importante es que la junta contrata a los directores y los profesores, quienes son los verdaderos transmisores de la identidad de la escuela; son la cara pública de la escuela.

El hecho de exigir que todos los miembros de la junta sean menonitas no garantiza el éxito de la escuela. Una junta saludable necesitará incluir miembros que reflejen una combinación de experiencia en educación, sabiduría en el tema económico, estar bien enraizado teológicamente, tener capacidades administrativas y una representación apropiada de varios constituyentes. Por esta razón, podría ser una buena medida abrir la membresía de la junta a un número limitado de representantes que no pertenezcan a la iglesia menonita.

Sin embargo, abrir demasiado las puertas de la membresía de la junta casi asegura que haya consecuencias a largo plazo para la identidad de la escuela. Si los nuevos miembros de la junta no comparten un compromiso con las preocupaciones teológicas características de la tradición anabautista menonita, no habrá que sorprenderse cuando estos compromisos se desvanezcan y otros énfasis tomen su lugar.

3. ¿Ante quién es principalmente responsable la junta?

Es crucial que las juntas de todas las escuelas relacionadas con la iglesia piensen cuidadosamente el tema de la rendición de cuentas. A veces, los miembros de la junta piensan en su responsabilidad principalmente en términos personales. Se les solicitó que ofrezcan voluntariamente su tiempo supuestamente porque ya han demostrado sus dones de liderazgo, su perspicacia en negocios o su experiencia administrativa en otros contextos. De manera que, fácilmente, los miembros de una junta pueden reaccionar a cuestiones difíciles sobre políticas desde su opinión personal, moldeada por cualquier experiencia que traigan al cargo. Esto no es completamente problemático. Después de todo, los miembros de una junta deberían sentirse libres de compartir sus dones y perspectivas únicos. Pero al mismo tiempo, los miembros de una junta no deberían perder de vista el contexto más amplio de sus acciones. Su tarea no es simplemente ofrecer opiniones personales. También cargan con la responsabilidad mayor de ayudar a la escuela a cumplir un mandato y una declaración de misión que son superiores a cualquier individuo. En este sentido, los miembros de la junta necesitan cultivar una conciencia activa de su tarea mayor.

La naturaleza exacta de la rendición de cuentas de la junta varía de una escuela a otra y tendrá probablemente un componente formal y otro informal. Algunas escuelas están dirigidas por los patrocinadores. En este caso, los miembros de la junta son elegidos por la junta existente. Otras escuelas fueron fundadas por una conferencia regional, a la cual aún pertenecen y que las opera. Muchas escuelas poseen juntas con representantes designados por una variedad de grupos, incluyendo a pastores, contribuyentes, exalumnos, conferencias regionales o a MEA.

Una de las responsabilidades de las juntas es estar atentas a los diversos grupos constituyentes que invierten en el bienestar de la escuela y equilibrar cuidadosamente los intereses que puedan surgir y competir entre sí, en especial cuando dichos intereses están ligados a grandes cantidades de dinero. ¿De qué manera moldea cada decisión la identidad, la vocación o la misión particular de la escuela como una expresión de la tradición anabautista menonita mayor? ¿Cómo juzgarán las personas dentro de cincuenta o cien años las decisiones que la junta está tomando en la actualidad? ¿Cuáles son los principios fundamentales que guiarán el trabajo de la junta?

Las juntas de las escuelas de la iglesia se enfrentan a desafíos enormes. Cargadas con la tarea de abordar los temas específicos de políticas del momento, deben permanecer atentas a las realidades dinámicas del contexto local y ajustarse a los cambios en el ambiente social, económico y cultural mayor, mientras sostienen firmemente los principios básicos que le dan a la educación menonita su carácter particular. Las escuelas fuertes se construyen sobre la base de miembros de junta sabios.

4. ¿Son las escuelas menonitas espacios de apoyo para alumnos con necesidades especiales o son escuelas preparatorias de excelencia académica?

La respuesta fácil a esta pregunta es ¡ambas cosas! La mayoría de las escuelas que se comprometen con la excelencia en su trabajo quieren hacer todo bien. Por lo tanto, las escuelas menonitas deberían ser espacios donde los alumnos puedan florecer y avanzar en su madurez espiritual, emocional, social y académica sin importar su punto de partida. Pero cuando se trata de servicios especiales —ya sea un apoyo correctivo para alumnos con dificultades o programas extras para los dotados y talentosos— se deben tomar casi siempre decisiones difíciles. Aquí, una mirada detenida al presupuesto es seguramente un mejor indicador de la naturaleza real de esas decisiones que las promesas que hacen los panfletos de propaganda.

La manera en que uno responda a este tema puede depender del grado y de las circunstancias locales en cuanto al personal disponible. Podría ser que no exista una respuesta correcta desde la perspectiva de la teología anabautista menonita. Sin embargo, yo parto de la suposición de que la educación se desarrolla mejor en un contexto de diversidad. Los jóvenes descubren bastante pronto que deben aprender a funcionar bien —ya sea en las escuelas, los lugares de trabajo o las congregaciones— con personas de una amplia variedad de personalidades, habilidades e intereses. Por lo tanto, en la mayor medida posible, los profesores deberían apuntar a integrar a todos los alumnos dentro del mismo currículo básico a la vez que se adaptan a los dones y necesidades de cada individuo.

Cuando se trata del apoyo, la tendencia debería inclinarse en dirección a los alumnos con dificultades. El cuidado de los miembros más débiles de la comunidad —en este caso, los más débiles en términos académicos— es central para la historia bíblica. El tema debe ser manejado con sensibilidad, en reconocimiento de que la identidad de cada alumno se extiende más allá de su capacidad intelectual, y se deben buscar maneras de promover un sentido de comunidad aun mientras se reconocen diferencias significativas en la capacidad académica.

Brindar apoyo adecuado a los alumnos más débiles puede acarrear grandes desafíos. Salvo que las escuelas relacionadas con la iglesia tengan un núcleo fuerte de voluntarios, por ejemplo, es poco probable que puedan brindarles a alumnos con discapacidades físicas, emocionales o mentales extremas el mismo nivel de apoyo que se ofrece en las escuelas públicas. Además, la presión del mercado para los padres se inclina probablemente hacia los alumnos dotados —expandir sus opciones de cursos académicos avanzados o incrementar las oportunidades para el aprendizaje acelerado. Sin duda, las escuelas deberían ser lo más creativas posible para desafiar a los alumnos académicamente fuertes. Pero los padres de los alumnos dotados deberían preguntarse cuáles son sus objetivos principales: ¿queremos que nuestros hijos reciban estímulos intelectuales adicionales por la pura alegría de aprender? ¿Será una carrera por egresar de la universidad un año antes? ¿Será el objetivo mejorar las probabilidades de ingresar a una escuela selecta más adelante? ¿Cómo sostenemos el énfasis actual en los programas académicos acelerados en perspectiva con el desarrollo espiritual o emocional de nuestros hijos? ¿Presionaríamos para la implementación de un curso de nivelación avanzado en "madurez espiritual"?

Podría existir un espacio para las escuelas preparatorias privadas que se enfocan en lograr el ingreso de sus alumnos a las mejores universidades y carreras avanzadas. Sin embargo, las escuelas menonitas que orientan sus programas principalmente hacia la élite académica corren el peligro de desviarse de su llamado.

5. *¿Qué nivel de instalaciones deberíamos esperar en las escuelas menonitas?*

Como todas las instituciones, las escuelas menonitas necesitan invertir en su infraestructura física. El ambiente de los edificios y el predio circundante tiene su impacto en el aprendizaje. Los predios deberían ser acogedores y cálidos, contar con un parque bien cuidado y aulas recién pintadas. Los maestros y alumnos pueden fácilmente pasar más horas de vigilia en la escuela que en sus hogares, por lo que podríamos pensar en nuestras instalaciones como un espacio en el que nos sentimos en casa.

No obstante, desde la perspectiva del tiempo, la importancia de tener instalaciones de primera línea probablemente disminuya. Cuando un exalumno recuerde los momentos verdaderamente formadores de su educación, recordará casi siempre a los maestros, las amistades personales, los proyectos que significaron un desafío o conversaciones estimulantes que los ayudaron a ver el mundo de una manera distinta. Pocas veces recuerdan el estado de las instalaciones deportivas, la calidad del equipo del laboratorio o si todas las computadoras estaban actualizadas con el último sistema operativo.

Nuestras expectativas respecto a las instalaciones tienden a basarse en la comparación y el contexto. A medida que las escuelas públicas reemplazan los comedores con patios de comidas o construyen nuevos centros de artes escénicas o gimnasios resplandecientes, la presión que sienten las escuelas menonitas de actualizar sus instalaciones para estar a la altura de la competencia es enorme. Lo mismo sucede con los edificios de las iglesias, en las que nuestras convenciones de excelencia estética y comodidades mundanas han aumentado considerablemente en los últimos cincuenta años. Cualquier persona que trabajó en asistencia humanitaria o sirvió en países en desarrollo se maravillará probablemente con la cantidad de recursos que los norteamericanos destinan a sus edificios. Los directores, que explican a los padres y al resto de la comunidad la necesidad de remodelar o construir nuevas instalaciones, deben justificar con una lógica clara la necesidad de edificar y la inversión significativa de dinero que implica.

A fin de cuentas, las escuelas deberían ser simples, funcionales y hermosas. Deberían ahorrar energía y cumplir múltiples propósitos, con la intención de servir al mayor número de grupos posible. Tanto los alumnos como el personal deberían respetar el espacio y participar activamente de su mantenimiento y conservación. Alguien que visita el lugar no debería sorprenderse al ver a un alumno recoger basura del suelo, a un director quitar una maleza de entre las flores o a un profesor pintar un armario en un día laboral.

Nuestras instalaciones ciertamente importan. Pero no deberíamos perder de vista el hecho de que son las relaciones lo que en última instancia construye una comunidad.

6. ¿Son irrelevantes las conversaciones sobre la educación menonita para las congregaciones menonitas ubicadas lejos de escuelas menonitas?

Los menonitas en centros tradicionales de población menonita pueden fácilmente dar por sentada la existencia de las escuelas menonitas. Sin embargo, las congregaciones menonitas que se encuentran lejos de estas escuelas sienten que no tienen la opción de la educación basada en la iglesia, al menos para las escuelas primaria y secundaria. Por este motivo, podrían preguntar: ¿por qué debería interesarnos involucrarnos en esta conversación?

En primer lugar, el tema de la educación menonita nos incumbe a todos porque las denominaciones fuertes tienen escuelas fuertes. Piense en su próximo pastor. ¿Qué tipo de capacitación desea para sus líderes congregacionales? Aunque

184 *Enseñanza que transforma*

su pastor no haya asistido a un seminario menonita, considere
todos los libros, periódicos y material del currículo que no
existirían fuera de las instituciones educativas menonitas. Si
existe algo de la identidad anabautista menonita que vale la
pena preservar, esta tradición necesitará ser cultivada, deba-
tida, modelada y enseñada de manera consciente. Esto puede
suceder en el hogar, en la adoración, en la escuela dominical,
en campamentos de la iglesia y en muchos otros entornos, pero
el contexto más probable para la transmisión de una tradición
viva serán nuestras escuelas.

En segundo lugar, todas las congregaciones pueden apoyar
a las universidades y seminarios menonitas incluyendo a estas
escuelas en su presupuesto anual y animando activamente a
sus miembros a asistir a las mismas. El apoyo congregacional a
las universidades menonitas ha declinado progresivamente durante las últimas décadas, de modo que en la actualidad poco
más del diez por ciento de los jóvenes menonitas elige asistir
a una universidad menonita. El esfuerzo por frenar y revertir
dicha tendencia es una inversión en la salud y el bienestar futuros de la iglesia.

Finalmente, aun las congregaciones de comunidades pequeñas o de zonas urbanas alejadas de los centros de comunidades menonitas deberían pensar seriamente en la posibilidad
de fundar una escuela primaria o secundaria en su zona. Por
cierto, fundar una escuela nueva requiere una gran cantidad
de energía creativa, compromiso y recursos económicos. Pero
todas las escuelas actuales comenzaron siendo muy pequeñas.
Toda escuela afiliada a MEA tiene su propia historia de crecimiento y de logros a pesar de las dificultades.

Las escuelas nuevas no podrán ofrecer probablemente todas las comodidades que la escuela pública local ofrece. No
obstante, una combinación de la visión, un liderazgo talentoso,
un sentido de la vocación y una comunidad de financiadores
contribuye en gran medida a convertir un sueño en realidad.
En la última década, han surgido nuevas escuelas en Filadelfia,

Baltimore, Pasadena y Hopedale; cada una refleja una identidad particular con raíces en su contexto local. En los momentos cruciales, el personal de MEA ha brindado asesoramiento útil; su personal permanece dispuesto a ofrecer apoyo en cualquier lugar que surja una nueva visión.[20]

Abordar las preguntas difíciles: para la Agencia Menonita de Educación

1. ¿Qué es MEA y a quién debe rendir cuentas?

MEA se fundó en 2002 después de la integración de dos cuerpos eclesiales: la Iglesia Menonita y la Iglesia Menonita de la Conferencia General. En gran medida, MEA continúa la labor de la Junta Menonita de Educación y la Comisión de Educación de estos dos grupos anteriores.

MEA está dirigida por una junta de once a trece directores. Estos rinden cuentas a la junta ejecutiva de la Iglesia Menonita, que designa a la mitad de los integrantes de la junta. La asamblea de delegados de la Iglesia Menonita de EE. UU. designa a la otra mitad. Además, la junta de MEA puede designar a dos miembros adicionales que deben ser aprobados por la junta ejecutiva. Como agencia de la Iglesia Menonita de EE. UU., MEA debe rendir cuentas en un sentido formal a la denominación. La junta y el personal de MEA trabajan en forma conjunta con una amplia variedad de instituciones para cumplir su mandato de facilitar todos los niveles de educación para la Iglesia Menonita de EE. UU.

2. ¿Cuál es la naturaleza de la autoridad de MEA?

MEA se relaciona con más de cuarenta escuelas en total, que abarcan a 14.500 alumnos. Dichas escuelas tienen distintos tipos de relaciones con MEA. Las cinco universidades y dos seminarios de la Iglesia Menonita de EE. UU. brindan sus servicios a constituyentes de toda la iglesia a través de su relación con MEA por relaciones de dirección y consejo detalladas en declaraciones de acuerdo particulares. MEA designa a al menos un miembro para cada una de las juntas de las instituciones de educación avanzada; en algunas instituciones, MEA designa a la mayoría de los miembros de la junta consultando con las instituciones. MEA busca asegurar que los intereses de la denominación mayor estén representados consistentemente en las conversaciones de la junta. De esta manera, por ejemplo, MEA cumple un rol activo en la designación del presidente de las universidades; trabaja para que las universidades no dupliquen los programas especializados; organiza conferencias periódicas para profesores, directores y miembros de la junta para promover un sentido compartido de la identidad y la misión.

Las escuelas desde el prejardín hasta la secundaria rinden cuentas principalmente a las conferencias y a otros constituyentes más locales. Participan de MEA a través de su membresía en la Red de Educación de la Infancia Temprana (*Early Childhood Education Network*) o a través del Consejo de Escuelas Menonitas (MSC, por sus siglas en inglés), el cual ofrece servicios especializados a las instituciones primarias y secundarias y tiene su propia declaración de acuerdo con MEA.

En última instancia, la autoridad de MEA, como la de la mayoría de las agencias en la estructura denominacional, es persuasiva e informal, aunque dentro de las responsabilidades estructurales detalladas en las diversas declaraciones de arreglo.

3. ¿Cómo se financia MEA y qué ofrece a las escuelas y a la iglesia más amplia?

En 2009, MEA tenía un presupuesto de poco menos de un millón de dólares. Casi el 25 por ciento de su apoyo económico se obtuvo en forma de contribuciones de conferencias, congregaciones e individuos menonitas, casi un 35 por ciento de instituciones miembro, el 15 por ciento de tarifas de manejo de las inversiones relacionadas con donaciones, y el resto de ganancias por las inversiones y otras fuentes.

MEA se encarga por lo general de la tarea de promover la visión y la misión de la educación anabautista menonita. La

Ingreso operativo de MEA

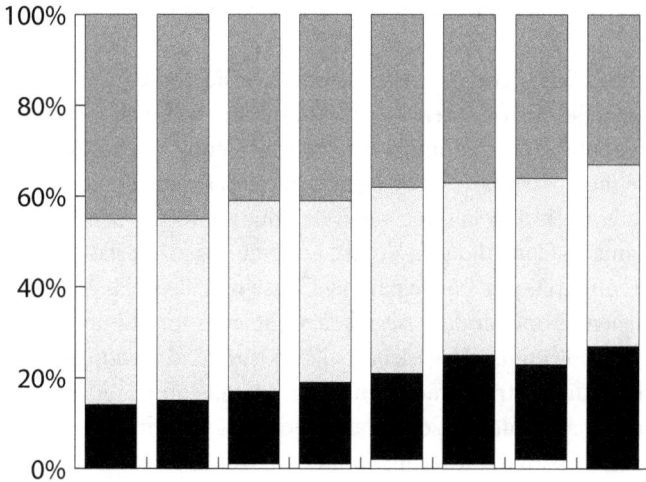

	6/30/2003	6/30/2004	6/30/2005	6/30/2006	6/30/2007	6/30/2008	6/30/2009	6/30/2010
▦ Contribuciones de iglesias e individuos (herencias no incluidas)	45%	45%	41%	41%	38%	37%	36%	33%
░ Apoyo de instituciones	11%	10%	12%	10%	11%	28%	11%	10%
■ Comité de Inversión/ otras tarifas por servicios	13%	14%	16%	18%	19%	24%	21%	27%
☐ Otros	0%	0%	0%	1%	1%	1%	1%	0%

lista de sus actividades es larga. MEA ofrece servicios de sustento durante transiciones en el liderazgo, educación continua a través de conferencias, un periódico de noticias electrónico regular para fortalecer el trabajo de las juntas, y seminarios/ talleres para nuevos miembros del personal. MEA supervisa un censo periódico de jóvenes de la Iglesia Menonita de EE. UU. y reúne a líderes de la educación de toda la iglesia para consultas ocasionales. MEA promueve fuertemente la educación pastoral y del liderazgo hispano junto a los programas de educación para el liderazgo racial/étnico y la capacitación en antirracismo. Además, maneja un fondo de inversiones para donaciones y programas de becas.

En años recientes, MEA lanzó varias iniciativas para ayudar a sus escuelas afiliadas a clarificar su identidad menonita y misional. El Instituto de Aprendizaje Anabautista (ALI, por sus siglas en inglés) es un programa conjunto del Consejo de Escuelas Menonitas (MSC) y la Agencia Menonita de Educación. ALI ofrece a maestros y líderes educativos una serie de cursos intensivos de posgrado sobre fe y prácticas anabautistas menonitas en relación con el contexto académico. Además, MEA adaptó recientemente un proceso de acreditación de la Asociación de Educación Católica Nacional llamado Convalidar la Visión. Las escuelas primarias, medias y secundarias que participan del Consejo de Escuelas Menonitas tienen la opción de buscar la acreditación formal de MEA. El proceso brinda a las escuelas la oportunidad de conversar deliberada y estructuradamente sobre la misión y la identidad, y ayuda a anclar a las escuelas acreditadas más firmemente en la tradición anabautista menonita.

Conclusión

Esta lista de preguntas y respuestas no agota todas las inquietudes que uno podría tener sobre la educación menonita. Tampoco las respuestas breves que aquí se ofrecen resuelven las cuestiones de una manera completamente satisfactoria. Sin embargo, aquellos que apoyan la educación menonita están claramente sintonizados con estos interrogantes difíciles, y las denominaciones fuertes se sostienen mediante una conversación abierta y vigorosa. Esta discusión no resuelve inmediatamente las tensiones a las que mi amigo se enfrentaba sobre las escuelas menonitas. Pero es probable que tales debates sobre temas de fe y práctica se puedan sostener en el futuro sólo si existen instituciones que los mantengan enraizados en una comprensión más profunda de las Escrituras y la tradición anabautista menonita —instituciones menonitas como escuelas primarias, medias y secundarias, así como universidades y seminarios.

6

Mirar al futuro

Desafíos, oportunidades, visiones y sueños

En el otoño de 1997, una amiga de Barbara Moses la llamó para invitarla a abandonar su cargo en el distrito escolar de Filadelfia, con su buen sueldo correspondiente, y aceptar la dirección de una escuela secundaria menonita que aún no existía. Moses tenía buenas razones para decir "¡No, gracias!". Después de todo, su cargo como directora de educación en estudios sociales le permitía viajar por todo el mundo. Disfrutaba de ser mentora de alumnos y maestros, e incluso había empezado a conducir un programa educativo semanal en televisión. Además, el sueldo de base para la dirección era apenas la mitad de su salario actual, la escuela nueva no contaba aún con un edificio donde funcionar y Moses no estaba segura todavía de quiénes eran los menonitas.

No obstante, después de rechazar amablemente la invitación a presentar su solicitud, no podía quitarse la idea de la mente. "Durante aproximadamente un mes después de que dije que no", recuerda Moses, "el Espíritu Santo no me dejó dormir. Estaba angustiada, lloraba de día y trataba de imaginar cómo podría vivir con la mitad de mi sueldo y a la vez realizar una tarea que nunca había querido hacer". Sin embargo, su oración fue siempre "estar plenamente en la voluntad de Dios". Al final, la voz del Espíritu fue inconfundiblemente clara. Moses aceptó el cargo y se convirtió en la directora de la primera escuela secundaria menonita urbana multicultural fundada en Norteamérica.

Philadelphia Mennonite High School (PMHS, por sus siglas en inglés) tuvo sus orígenes al menos cinco años antes, con un equipo de trabajo culturalmente diverso de pastores menonitas que comenzó a reunirse para conversar sobre la posibilidad de fundar una escuela basada en la iglesia en la ciudad de Filadelfia. En 1996 se formó una junta de directores. Poco después de que Moses aceptara el cargo de directora, la junta compró un edificio de tres pisos sobre una calle tranquila. En el otoño de 1998, la escuela inscribió a 53 alumnos entre los grados noveno y doceavo.

En los años siguientes, el compromiso de la escuela con la formación de vínculos de respeto, confianza e interdependencia convirtieron a PMHS en un refugio seguro y un punto de despegue para cientos de jóvenes del área de Filadelfia y alrededores.

De algunas maneras, las diferencias entre PMHS y *Greenwood Mennonite School*, de Delaware, fundada setenta años antes, no podrían ser más sorprendentes. Greenwood era una escuela rural, compuesta por alumnos y maestros que eran todos menonitas étnicos, comprometidos con la conservación de una identidad menonita establecida. En contraste, PMHS es una escuela urbana que se ubica en el corazón de la ciudad de Filadelfia. Sus alumnos, profesores y personal representan una diversidad racial y cultural, y solo un puñado de sus alumnos se identifican como menonitas.

Sin embargo, bajo estas diferencias aparentes, PMHS tiene algunas similitudes sorprendentes con Greenwood, lo cual sugiere que los modelos nuevos de educación menonita que surgen presentan una continuidad profunda con el pasado. Como todas las escuelas afiliadas a MEA, seguir a Jesús en la vida diaria es central para la identidad y la misión de PMHS. Los directores y maestros nutren activamente un sentido fuerte de la comunidad cimentado en la fe cristiana. Todos los alumnos nuevos, aun antes del inicio de clases, participan de un retiro minuciosamente estructurado que resalta las cualidades del respeto mutuo que impregnan la cultura de la escuela. Desde el comienzo, se enseña a los alumnos a pensar antes de hablar y a hacerse las siguientes preguntas: ¿Es verdadero? ¿Es de beneficio? ¿Es inspirador? ¿Es necesario? ¿Es amable?

Los alumnos de PMHS prolongan este sentido de la responsabilidad por las relaciones comunitarias con la dedicación de una parte significativa de su tiempo al servicio. Cada viernes por la tarde, por ejemplo, los alumnos de PMHS de segundo año ofrecen su trabajo voluntario en la escuela pública local como mentores para el aprendizaje de la lectura, asistentes en la biblioteca y tutores. Los estudiantes del último año concentran su trabajo voluntario en áreas de trabajo de su interés, en escuelas, centros comunitarios, empresas y organizaciones. En total, los alumnos de PMHS brindan 10.000 horas de asistencia comunitaria por año.

Sumado a estos entornos estructurados para el trabajo voluntario, los alumnos de PMHS participan regularmente de experiencias transculturales e internacionales a través de un programa intencional de viajes de estudio. En su primer año, los alumnos exploran los sitios educativos locales de Filadelfia. En su segundo año, viajan a otro lugar dentro del estado. En tercer año, hacen un viaje dentro de Estados Unidos, y en su último año viajan fuera del país. En su breve historia, PMHS ya financió viajes educativos y de servicio a América del Sur, América Central, África y Asia.

Otra expresión del compromiso de la escuela con una identidad anabautista menonita es la prioridad que los directores y maestros dan a las habilidades de mediación de conflictos y reconciliación. Desde el primer día de clases, se capacita a los alumnos de PMHS en las estrategias y el autocontrol para hacer la paz, enfocándose especialmente en la resolución pacífica de conflictos dentro de la misma escuela. El trabajo arduo ha tenido sus recompensas. En sus diez años de existencia, según Moses, ha habido apenas cuatro peleas en la escuela, y desde 2003, ninguna. De hecho, se ha invitado a los alumnos de PMHS a dar clases de capacitación en el manejo de conflictos en una escuela pública local que ofrece desde jardín hasta octavo grado.

"Espero que los alumnos no solo sean exitosos sino que además sean personas significativas", afirmó Moses, "que dejen una huella para Cristo en este mundo, no solo en PMHS o en Filadelfia. Quiero que sean grandes, pero la palabra de Dios dice que los que quieren ser grandes deben ser siervos".

Los profesores y el personal de PMHS han cultivado, en todo el trayecto, un sentido profundo de la presencia de Dios. "Yo no estaría aquí si no fuera por el llamado de Dios", reflexiona Pam Seretny, instructora de arte y ciencias. "Comienzo cada día, literalmente, en oración. Una cosa que experimenté aquí como profesora es mi propia debilidad e imperfección. Pero la belleza de estar aquí es que cuando te sientes así, sabes que Dios está obrando realmente. De modo que miro a cada alumno como una oportunidad para permitir que Dios me use, lo cual es un privilegio, y de un modo que Dios descubrirá. Porque a veces, honestamente, no sé qué va a hacer Dios o cómo yo lo voy a llevar a cabo. Pero eso es lo que lo hace tan increíble".

En un entorno urbano donde la violencia, el uso de drogas y los altos índices de deserción escolar son la norma en muchos vecindarios, los alumnos de PMHS tienen un nuevo sentido de la confianza, del propósito y del enfoque que le darán a su vida. "No dejarán de confiar en ti, pase lo que pase", cuenta una joven refiriéndose a los profesores de PMHS. "Tienen expectativas más altas para ti que tú mismo".

La historia de PMHS es particular, pero no es única. En 1998, miembros de la Iglesia Menonita de Wilkens Avenue de Baltimore, Maryland, ayudaron a fundar *Mount Clare Christian School*, que cuenta con doce grados para alumnos que viven en un sector de bajos recursos de la ciudad de Baltimore atormentado por la violencia. Más recientemente, la Academia Paz y Justicia, fundada por miembros de la Iglesia Menonita de Pasadena, California, y copatrocinada por la Iglesia para Otros, una iglesia coreana local, abrió sus puertas a alumnos de un vecindario racialmente diverso. "Nuestro objetivo principal", dice Randy Christopher, quien copatrocinó la escuela junto a Kimberly Medendorp, "es graduar a alumnos que cambiarán nuestro mundo. Nuestra tradición menonita... tiene mucho para compartir con otros cristianos y no cristianos. Un programa educativo que se enfoca en hacer la paz y en la justicia social dentro de una comunidad que lo nutre es un tesoro especial y puede ser un regalo valioso para los niños y sus familias".[21]

El experimento educativo que comenzó con varias iniciativas audaces en educación superior menonita al final del siglo 19, las cuales luego se expandieron para incluir a las escuelas primarias y secundarias durante las décadas de la mitad del siglo 20, aún se expresa en la actualidad de maneras nuevas y apasionantes.

Estas historias de inspiración y esperanza proveen un telón de fondo para algunas reflexiones finales sobre el pasado, presente y futuro de la educación menonita en Norteamérica. En medio de un contexto cultural y económico que cambia rápidamente, los educadores anabautistas menonitas se enfrentan a desafíos significativos. Sin embargo, existen muchas razones para tener esperanza. Las escuelas fundadas hace mucho tiempo aún prosperan, adaptándose creativamente a los nuevos desafíos. Las escuelas nuevas, construidas sobre un legado profundo de educación anabautista menonita, abren el camino en la exploración de modelos de educación orientados a la misión que ayudarán a escuelas más viejas a adaptarse a nuevos mercados y nuevas oportunidades.

La posibilidad de negociar nuestro camino con confianza en el futuro comienza con una perspectiva clara del pasado y una comprensión aguda del panorama educativo actual.

¿El fin de la era institucional?

En el último cuarto del siglo 19, la iglesia menonita en Estados Unidos estaba en serios problemas. La larga y sangrienta guerra civil no solo había dividido a la nación, sino que también había dejado fisuras profundas dentro de las congregaciones menonitas tanto en el sur como en el norte del país. La seducción de tierras baratas movilizó a cientos de jóvenes menonitas a ir hacia el oeste, donde se establecieron en pequeños asentamientos que quedaron frecuentemente muy esparcidos y tristemente carentes de liderazgo. Mientras tanto, las comunidades situadas en el corazón del país, en Pensilvania, Virginia y Ohio, estaban agotadas por una larga serie de divisiones internas que enfrentaban con frecuencia a los defensores de la disciplina fuerte de la iglesia y los límites claros con los campeones de una religión más sentida inclinada hacia la apertura ecuménica y la renovación del avivamiento.

Los líderes menonitas tradicionales se vieron desfasados con las suposiciones de la cultura circundante. Defendían un evangelio de paz y humildad en un tiempo dedicado a la expansión con aires de grandeza. Hablaban alemán, cuando el futuro estaba claramente en inglés. Albergaban inseguridades persistentes sobre el comercio en una época en que jóvenes empresarios acumulaban grandes fortunas. Mientras que otros grupos estaban fundando una amplia red de universidades denominacionales, a ellos les preocupaba que la educación superior llevara al orgullo y la aculturación.

Hacia fines de ese siglo, la identidad menonita en Norteamérica se podía describir certeramente como confundida y fragmentada. "Si los jóvenes asisten al menos a la iglesia", escribió un líder en 1890, "no asisten a las iglesias menonitas sino a otras, donde no todo parece estar muerto".[22]

Sin embargo, asombrosamente, durante las décadas siguientes, la iglesia menonita no se desvaneció. De hecho, sobrevivió y prosperó durante el transcurso del siglo 20, en gran medida porque su identidad se renovó con el surgimiento de una multitud de instituciones nuevas que iban más allá de la congregación local. Estas organizaciones nuevas —más grandes que la congregación local, dependientes de una base más amplia de apoyo y enfocada en tareas muy específicas— sirvieron tanto de puente entre la iglesia menonita y la cultura circundante como de protección para cuidar que las congregaciones individuales no fueran absorbidas por las fuerzas de alrededor.

Las instituciones adoptaron una variedad de formas. Por ejemplo, ya en la década de 1860, los menonitas de la Conferencia General fundaron una organización de misiones para promover el alcance a los pueblos arapajó, hopi y cheyene en los estados occidentales. En 1906, los menonitas de Indiana y Ohio consolidaron varias iniciativas de misión independientes para formar la Junta Menonita de Misiones y Caridades. En 1930, surgió otra agencia de misión entre los menonitas de Pensilvania de la Conferencia de Lancaster. En 1920, cinco grupos menonitas colaboraron para formar el Comité Central Menonita (CCM) como respuesta compasiva a la hambruna y la devastación de la guerra que se desarrollaban en Rusia del Sur luego de la revolución rusa.

Surgieron además docenas de otras instituciones. Las mujeres de toda la iglesia organizaron círculos de costura para apoyar la asistencia humanitaria que se ofrecía en otros países. Las congregaciones reunieron sus recursos para crear sociedades de asistencia mutua. Los líderes menonitas respondieron al reclutamiento militar estableciendo opciones alternativas como el Servicio Público Civil, PAX, el Programa de Maestros en el Exterior y unidades de servicio voluntario. Las conferencias locales comenzaron a apoyar los campamentos de la iglesia menonita. Después de las catástrofes naturales, el Servicio Menonita de Desastres coordinaba la asistencia voluntaria proveniente de toda la iglesia.

Cada una de estas organizaciones fomentó un sentido mayor de colaboración regional e identidad compartida a través de sus esfuerzos por llevar a cabo la Gran Comisión. Además abrieron a las congregaciones a mundos muy lejanos a sus comunidades, y canalizaron creativamente la energía de varias generaciones de jóvenes hacia el servicio de la iglesia.

El florecimiento de las escuelas menonitas primarias, secundarias, universidades y seminarios durante el siglo 20 permitió y sostuvo este movimiento mayor. Casi todos los primeros líderes de las agencias menonitas de misión, de los proyectos de publicación, las organizaciones de asistencia

mutua, las instalaciones para el cuidado de la salud y las iniciativas de asistencia humanitaria recibieron alguna forma de
capacitación en una universidad o seminario menonita.

Lo que es más importante es que estos líderes mantu-
vieron a las nuevas instituciones ancladas en una identidad
teológica e histórica profundamente influida por las comprensiones anabautistas menonitas. De modo que los egresados de las escuelas menonitas compusieron y editaron los
himnarios, los comentarios bíblicos, las guías devocionales,
los periódicos de la iglesia y el currículo de escuela dominical
que moldearon los contornos espirituales de la iglesia menonita durante el siglo 20. Las primeras exploraciones de la historia anabautista realizadas por profesores de universidades
menonitas como C. Henry Smith, Cornelius Krahn y Harold
S. Bender ayudaron a recuperar un sentido más profundo
de la identidad teológica. El *Mennonite Quarterly Review*,
la *Mennonite Encyclopedia* y el ensayo de Bender denominado "La visión anabautista" habrían sido impensables sin
el apoyo de las universidades menonitas. El surgimiento del
Servicio Público Civil como alternativa al reclutamiento militar durante la Segunda Guerra Mundial, la ética social de
Guy F. Hershberger tan claramente articulada, los muy in-
fluyentes escritos de John Howard Yoder sobre el evangelio
de paz y los miles de libros, ensayos y artículos publicados
por historiadores, teólogos, sociólogos, novelistas y poetas
menonitas durante la segunda mitad del siglo 20 son casi
imposibles de imaginar sin la existencia de las instituciones
educativas menonitas.

Si agregamos a esta lista los cientos de pastores moldeados por seminarios menonitas, junto a los miles de alumnos
de escuelas primarias, secundarias y universitarios cuyas vidas
fueron transformadas por exponerse a clases de Biblia, capellanías, proyectos de servicio, encuentros transculturales, oportunidades de dirigir canciones y capacitación para el liderazgo,
uno comienza a vislumbrar el impacto a largo plazo de una
educación basada en la iglesia.

Por cierto, el rol de las instituciones educativas menonitas nunca ha estado exento de críticas. Las escuelas menonitas han sido con frecuencia terreno de luchas por el poder y conflictos de la iglesia. En varios momentos, algunos menonitas consideraron a sus escuelas de la iglesia —en especial sus universidades y seminarios— una fuente tanto de apostasía como de renovación. No obstante, desde la perspectiva mayor de la historia, las escuelas anabautistas menonitas posibilitaron que la iglesia menonita en Norteamérica se abriera camino exitosamente por un tumultuoso siglo de cambios.

Sin embargo, al comenzar el siglo 21, la iglesia menonita se ha visto enfrentada a una paradoja profunda. Por un lado, si consideramos las cosas desde la perspectiva amplia de la historia, los menonitas nunca estuvieron mejor, al menos en términos de su posición dentro de la gran familia de denominaciones cristianas. Después de más de cuatro siglos de indiferencia o escarnio, los historiadores de la iglesia de universidades prestigiosas describen actualmente a los anabautistas en términos respetuosos o incluso heroicos. Aunque muchos textos convencionales de historia de la iglesia los caracterizaban previamente como "la deformación de la Reforma", actualmente se rescata a los anabautistas en muchos libros de textos como defensores audaces de la libertad religiosa y pioneros en el movimiento hacia la separación de la iglesia del Estado. En gran medida gracias a los escritos de John Howard Yoder, teólogos y eticistas de círculos tanto católicos como protestantes toman en serio las comprensiones anabautistas sobre ética y eclesiología.

En la actualidad, los temas teológicos característicos de la tradición anabautista menonita entraron a la convención del discurso religioso norteamericano, de manera que disfrutan de una amplia visibilidad en el espectro denominacional en revistas y editoriales cristianas. Al mismo tiempo, la iglesia menonita se vio invitada a participar de un amplio abanico de diálogos ecuménicos en contextos que habrían sido impensables en siglos anteriores. Esta tradición, antes denigrada y perseguida por la comunidad cristiana mayor, se convirtió ahora en un respetado participante del debate y colaborador de muchos proyectos ecuménicos de misión, asistencia humanitaria y servicio.

Pero esto es solo parte de la historia. Detrás del revestimiento de plata está la nube oscura. Justo en el momento en que la tradición anabautista menonita parece haber ganado un nuevo nivel de interés y respeto en el área pública, la iglesia menonita se encuentra en un estado de salud precaria que podría lindar con una crisis. A pesar de la unión reciente de dos grandes grupos y el crecimiento notable de varias congregaciones urbanas, la membresía general en la recién formada Iglesia Menonita de EE. UU. ha disminuido durante la última década. Al mismo tiempo, la edad promedio de su membresía se incrementó progresivamente. Sobrepuestos a estas estadísticas demográficas están los descubrimientos preocupantes respecto a las actitudes y creencias centrales. En 2005, menos de un tercio de los menonitas entrevistados expresaron tener un "compromiso muy fuerte" con la denominación; solo el 23 por ciento creía que estaba "siempre mal" ingresar a las fuerzas armadas, y aunque el 88 por ciento cree que "los cristianos deberían hacer todo lo que pueden para convertir a todos los no creyentes a Cristo", solo el 18 por ciento hace todo lo que puede "de manera regular".[23] La letanía de preocupaciones tampoco culmina con estas estadísticas. En años recientes, casi todas las agencias de la iglesia menonita han tenido que esforzarse mucho por sostener el financiamiento de sus programas. Las conferencias regionales recortaron su programa y personal al mínimo, y las congregaciones han sido destruidas por las profundas divisiones políticas partidarias que caracterizan a toda la nación.

Fuera de algunas excepciones notables, la tendencia mayor parece clara. Muchas de las instituciones que en el siglo 20 fueron fuente de renovación de la iglesia y portadoras de la identidad menonita enfrentan actualmente grandes dificultades. Estos problemas también afectaron a las escuelas afiliadas a la Agencia Menonita de Educación.

Desafíos contemporáneos de la educación menonita

Desafíos económicos: mantener a la educación accesible

Como en el caso de las escuelas públicas en general, todas las escuelas relacionadas con la iglesia enfrentan desafíos económicos. En las últimas décadas, el costo de la educación se incrementó progresivamente, subiendo a un ritmo mayor que la inflación o los salarios. Al mismo tiempo, el apoyo económico de las congregaciones y las conferencias a la educación cristiana flaqueó. Muchas escuelas respondieron a las presiones económicas con un ajuste de su presupuesto: reducción de personal, recorte de beneficios, reducción de los programas al mínimo o postergación del mantenimiento. Dichas medidas corren el riesgo de que la escuela sea menos atractiva para los aspirantes a alumnos, siendo que ya son intensas las presiones por aumentar la matrícula. El desafío que nos espera es serio: ¿cómo pueden las escuelas de la iglesia continuar con sus esfuerzos por atraer a profesores de calidad y alcanzar las expectativas de los alumnos y padres respecto a los programas y las instalaciones, y a la vez ofrecer becas para familias necesitadas que quieran una educación cristiana para sus hijos? Los padres enfrentan dilemas similares. ¿Cómo afrontarán el incremento de los costos de matrícula si los empleadores reducen sus propios beneficios de cobertura de salud y jubilación y se desvanece la asistencia de las becas?

Las consecuencias de estos nuevos desafíos no son completamente negativas. En algunas instancias, estos desafíos han obligado a las escuelas a hacerse preguntas legítimas sobre la eficiencia y la rendición de cuentas, y las han alentado a ser más innovadoras. En años recientes, las universidades menonitas ampliaron su oferta para incluir programas para adultos que necesitan completar su título, así como un nuevo conjunto de títulos de posgrado. Al modificar el enfoque del reclutamiento y la publicidad hacia un público más regional, las escuelas se han hecho preguntas saludables sobre la necesidad de extender la hospitalidad cristiana a los alumnos de muchos trasfondos religiosos, culturales y económicos.

Otras consecuencias de estas nuevas realidades económicas son más dolorosas. En 2009, el Centro de Aprendizaje Menonita de Chicago, fundado en 1981 con la visión de unir a congregaciones menonitas angloamericanas, hispanas y afroamericanas de la región de los alrededores de Chicago en torno a una misión común, cerró sus puertas por falta de recursos. Las universidades menonitas enfrentan desafíos económicos significativos. La competencia que viven los alumnos de facultades pequeñas de artes liberales es intensa. En los estados donde se sitúan las universidades menonitas —Indiana, Kansas, Ohio y Virginia— existe una abundancia de universidades relacionadas con la iglesia de perfil similar. Las tradiciones se arraigan profundamente y la lealtad de los exalumnos es poderosa, pero no existen garantías para el futuro. De hecho, unas 26 universidades de Estados Unidos cerraron sus puertas solo en el transcurso del 2007.[24] Podría llegar el día en que las universidades afiliadas a MEA necesiten considerar seriamente la posibilidad de hacer ajustes estructurales.

El contexto cambiante de la educación

Otro cambio inseparable de estos desafíos económicos es el que se está produciendo rápidamente en la naturaleza misma de la educación. Esto sucede en todos los niveles, pero especialmente en el contexto postsecundario de las universidades y los seminarios. En todo el país, el modelo convencional de la universidad residencial de artes liberales con un programa de estudios de cuatro años estructurado principalmente para alumnos entre 18 y 22 años de edad está dejando de ser el más común. Un número mayor de alumnos inscriptos en educación superior para adultos que se insertaron por un tiempo en el ambiente laboral regresan ahora en busca de una capacitación focalizada en áreas específicas que complemente sus objetivos profesionales. Debido a que muchos de estos adultos tienen familias y continúan en sus trabajos, no necesitan una experiencia residencial y sus cursos deben acomodarse en horarios de la tarde o incluso los fines de semana.

Además, las diferencias tradicionales entre la secundaria y la universidad se desdibujan a medida que las universidades enfrentan la presión creciente de ofrecer créditos por los cursos de nivelación avanzados o los exámenes de competencia. Al mismo tiempo, las universidades se ven obligadas a invertir más recursos en programas de refuerzo y servicios de apoyo académico para los alumnos que en la secundaria no recibieron la preparación adecuada para responder a la rigurosidad de los cursos de nivel universitario.

Tal vez, la transformación más significativa en el panorama educativo se deba a las nuevas tecnologías. Gracias a la tecnología, más información puede distribuirse con mayor eficiencia, conveniencia y a menor costo que nunca. La nueva tecnología ofrece un enorme potencial para que la educación sea accesible a personas de todas las edades y circunstancias de vida a través de cursos en línea, podcasts e instrucción de conexión directa (*live-feed*). Estos nuevos sistemas de distribución hacen colapsar las limitaciones geográficas y de horarios al ofrecer cursos de nivel universitario en los tiempos y formatos más convenientes para el consumidor. Pero también plantean preguntas sobre la naturaleza y la calidad del aprendizaje, el sentido del crédito y la importancia tradicional de las relaciones cara a cara para el proceso educativo.[25] La educación por medios electrónicos está impulsada por relaciones incorpóreas (de allí, el término de relaciones *virtuales*). Pero si una pedagogía anabautista menonita tiene verdaderas raíces en la encarnación, deben plantearse serios cuestionamientos sobre la pedagogía del aprendizaje a distancia.

Las presiones del mercado son profundas. Si otras instituciones ofrecen créditos académicos vía Internet a bajo costo o la compra de títulos, las escuelas relacionadas con la iglesia deben justificar con mayor claridad que nunca el valor adicional del margen de diferencia que ofrecen.

Identidad, diversidad y misión

A lo largo de todo el libro argumenté que las escuelas afiliadas a MEA deberían abrazar activamente los temas particulares de la

fe y la práctica anabautistas menonitas, e incorporar estas convicciones teológicas al etos, la pedagogía y los objetivos de sus
instituciones educativas. Si nuestra forma de educación cristiana no es particular de maneras identificables, entonces no hay
razón para que existan las escuelas anabautistas menonitas.

Otro tema central fue el reconocimiento de que nuestras
escuelas reflejan una diversidad cultural, religiosa y étnica cada
vez mayor. Si bien a mediados de la década de 1970 un 40
por ciento de todos los alumnos menonitas en edad de inscri-
birse en la universidad lo hacían en una universidad menonita,
ahora la estadística cayó a un mero 11 por ciento. Aunque
los porcentajes varían de una escuela a otra, una caída similar en el número general de alumnos menonitas contribuyó a
esta diversidad en aumento. Parte de la trasformación se puede
atribuir a una estrategia consciente de misión: juntas educativas y directores comprometidos con abrir los beneficios de
la educación cristiana a la comunidad mayor. Pero la diversidad creciente es también una consecuencia de consideraciones
más prácticas: las escuelas que para sobrevivir amplían su base
económica y buscan agradar a un mercado más amplio.

En la superficie, el nuevo contexto sugiere el surgimiento
de cierta tensión. La identidad supone la particularidad y la
especificidad. Si los directores, las juntas y los maestros no
comprenden ni abrazan el carácter anabautista menonita de su
escuela —sin sentirlo como una carga sino como una fortaleza
positiva entretejida en el mismo ADN de la escuela—, habría
poca razón para sostener una afiliación a MEA o buscar el
principal apoyo económico en las congregaciones menonitas.

Una identidad anabautista menonita óptima es genuinamente misional y tiene el ansia de recibir, abrazar y aprender
de todos los alumnos, aunque estos no compartan todas las
suposiciones básicas o las convicciones expresadas en la declaración de misión de la escuela. La identidad misional y la
supervivencia económica no son inherentemente opuestas. No
obstante, las escuelas menonitas necesitan tener claridad sobre
las dinámicas y las consecuencias de este cambio fundamental.

Entre otras cosas, tal cambio sugiere que la responsabilidad de comunicar una identidad anabautista menonita recae directamente y más que nada en los directores y maestros. Exige una explicación más explícita de la fe cristiana desde una perspectiva anabautista menonita. Requiere mayor sensibilidad y respeto por perspectivas alternativas y hasta opuestas. Necesita la sabiduría de los directores para equilibrar la claridad de una identidad particular con las presiones de convertirse en lo que sea para agradar a todas las personas por los intereses de sostener la matrícula.

El siglo 20 fue una era de gran expansión institucional. Las escuelas menonitas tuvieron un rol crucial en sostener la salud, la renovación y la transformación de la iglesia. En la medida en que el sostén de la iglesia a la educación anabautista menonita decaiga, las escuelas afiliadas a MEA se seguirán adaptando por medio de la orientación más consciente en torno a un compromiso con la misión fuera de los límites de la comunidad menonita. En ambos roles, las escuelas de la iglesia sirven a la misma al recordar y discernir nuestra tradición de fe, y al transmitir sus aspectos esenciales de una generación a otra.

Oportunidades y nuevos rumbos: el futuro de la educación menonita

En la gran era de construcción de catedrales de Europa en los siglos 12 y 13, los arquitectos y canteros que iniciaban el trabajo en estas estructuras magníficas sabían que no vivirían para verlas terminadas. La construcción de una catedral requería la tarea de muchas generaciones. Debido a que la construcción era tan lenta, muchos pueblos tenían por costumbre plantar, una vez comenzada la labor, grandes arboledas de robles, sabiendo que unos noventa o cien años después la construcción habría progresado hasta el punto en que se necesitarían árboles fuertes para el andamiaje.

Al igual que plantar un roble para una catedral que aún no está construida, la inversión en la educación de jóvenes es un acto de fe y esperanza, un compromiso con el futuro de la iglesia por los niños aún no nacidos. Ninguno de nosotros puede imaginarse exactamente la forma que adoptará el futuro. La historia de la educación está plagada de restos de paradigmas nuevos, promovidos por expertos y consultores como grandes novedades que con el tiempo se desvanecieron. Pero aun si la forma exacta de la educación cristiana futura permanece oculta, podemos preparar actualmente el andamiaje para las generaciones venideras.

Toda era de grandes desafíos es además un tiempo de grandes oportunidades. El liderazgo creativo para el futuro de la educación anabautista menonita requiere que atendamos un abanico de variables: contextos culturales cambiantes, modificaciones en las realidades del mercado, nuevos conocimientos como resultado de las investigaciones y una continua apertura al mover del Espíritu. Sin los sueños y las imaginaciones activas, poco que tenga sustancia sucederá.

De modo que concluyo este libro con algunas consideraciones sobre el andamiaje que podría sostener a la educación anabautista menonita en el futuro.

El reino de Dios es más grande que nuestras instituciones

Un primer paso cuando soñamos con el futuro es comenzar con una perspectiva apropiada sobre nuestras instituciones educativas actuales. Por más comprometidos que estemos con el bienestar de nuestras escuelas, haríamos bien en recordar que el reino de Dios no depende de nuestro éxito institucional. La voluntad y los propósitos de Dios son mayores que el destino de nuestras escuelas menonitas o que el futuro de la educación anabautista menonita. Después de todo, las escuelas de la iglesia son creaciones humanas: tienen la intención de servir un propósito mayor. Aunque son importantes, en la supervivencia de nuestras instituciones educativas nada está establecido por decreto divino.

Tomar conciencia de esto, si se lo comprende correctamente, no es una forma de pesimismo sino una perspectiva liberadora que ofrece la libertad de relajarse un poco, aun en épocas de crisis institucional. Podría ser que en la providencia de Dios algunas cosas deban morir para que surja la vida nueva. Un punto de partida correcto para todos nuestros pensamientos sobre el futuro es reconocer que nuestro objetivo es participar con Dios en la sanación de la creación, no preservar las instituciones que hemos creado.

Abrazar un enfoque misional

Como hemos visto, la educación menonita está en medio de un cambio profundo de paradigma. Se está *alejando* del enfoque principal de defender y transmitir los principios anabautistas menonitas a la próxima generación de menonitas, y se está *acercando* a una identidad orientada a la misión comprometida con compartir la fe y las prácticas anabautistas menonitas con alumnos y padres de diversos trasfondos de fe. Algunas escuelas más nuevas han funcionado con un modo misional desde sus inicios. Pero para otras, el alcance a aquellos que no se criaron en familias y congregaciones cristianas o anabautistas menonitas requerirá hacer cambios significativos que serán probablemente más profundos que aquello de lo que nos damos cuenta con plenitud.

Si la identidad de la escuela ya no será portada por la red de amistades, lazos genealógicos e interacciones congregacionales cercanas características de las comunidades rurales, entonces deberá cultivarse de maneras más intencionadas. Esto exigirá mayor claridad sobre la misión, el propósito y la identidad de la escuela y sobre sus raíces en la tradición anabautista menonita. Será necesario comunicar estas convicciones de modo intencionado y explícito, y no simplemente transmitirlas mediante los hábitos heredados y los gestos cómplices de una cultura tribal exclusivista.

Será necesario que las juntas, los directores y maestros se involucren con sus alumnos con sensibilidad misionera. Al inicio de cada nuevo ciclo lectivo, no podemos suponer que comprendemos plenamente la cultura con la que trabajamos. Será necesario suspender por un momento nuestras suposiciones sobre la manera correcta de hacer las cosas, como un gesto de abrirnos a la posibilidad de que el Espíritu se encarne de una manera nueva. Un enfoque misional significa abrirse genuinamente a la diversidad teológica y cultural que los alumnos traen, y estar dispuestos a aprender nuevos idiomas, involucrarnos con la traducción transcultural y solicitar activamente el asesoramiento de intermediarios culturales.

Buscar nuevos aliados

Una expresión del abordaje misional de la educación cristiana es la voluntad de mirar hacia afuera, más allá de nosotros mismos y de la tradición anabautista menonita, en busca de sabiduría sobre la mejor manera de avanzar. Si en el pasado los menonitas se inclinaron hacia una postura de retraimiento defensivo, bajo la sospecha de que el movimiento ecuménico "diluiría" la fe, los menonitas norteamericanos de la actualidad están comenzando a involucrarse en un diálogo nuevo y constructivo con representantes de otras tradiciones.

Parte de esta conversación sucede en contextos formales de diálogo estructurado. En décadas recientes, por ejemplo, representantes de la Iglesia Menonita de EE. UU. participaron de conversaciones ecuménicas con iglesias católicas y luteranas, y de un modo más informal, con pentecostales, reformados y católicos laicos. Los objetivos de los intercambios pueden variar, pero han resultado casi siempre en una comprensión más profunda de nuestra propia tradición y una apreciación mayor de la presencia de Dios en otras tradiciones.

Otra expresión del ecumenismo anabautista menonita surgió de un movimiento amplio y un tanto amorfo de renovación dentro de la iglesia cristiana general. El movimiento es diverso y adopta muchos nombres diferentes: el Nuevo Monasticismo, "el gran surgimiento", el Tercer Camino y la iglesia emergente, entre otros. Las distintas corrientes comparten una alta valoración de las Escrituras, una pasión profunda por seguir a Jesús en la vida diaria, un ansia por la comunidad cristiana auténtica y un deseo de colocar la lealtad a Cristo por sobre todas las lealtades, aunque esto signifique ir en contra de la cultura estadounidense. Los líderes de estos movimientos de renovación buscan recursos que puedan ayudar a sostenerlos mientras se asientan en estructuras más establecidas. No debe asombrarnos que muchos de estos grupos vean a la tradición anabautista menonita como un par y una aliada. Reconocen la fortaleza de conectarse con una tradición que lleva cinco siglos comprometida con el cristianismo radical.

Las consecuencias de estas relaciones nuevas para la iglesia menonita o sus instituciones educativas aún no están claras. Sin embargo, como mínimo, dichas relaciones nuevas deberían brindar perspectivas e iniciativas renovadas mientras buscamos el modo de avanzar hacia una iglesia orientada a la misión.

Nuevos modelos de educación

En el futuro, los educadores anabautistas menonitas deberían además mantenerse en comunicación cercana con otros reformadores que proponen alternativas dentro del panorama velozmente cambiante de la educación estadounidense. Por ejemplo, en la mayoría de los estados, los padres tienen en la actualidad la opción de enviar a sus hijos a una de las más de cinco mil escuelas semiautónomas (*charter*), las cuales en total sirven a aproximadamente 1,5 millones de niños. Casi cualquier persona que ve una necesidad educativa puede crear una escuela semiautónoma: padres, educadores, grupos cívicos, líderes empresarios, organizaciones de servicio y profesores lo pueden hacer. Libres de muchas de las normas y reglamentaciones que rigen a las escuelas públicas, las escuelas semiautónomas tienden a ser más pequeñas que las escuelas públicas convencionales y sirven a un número desproporcionado de alumnos pobres y pertenecientes a las minorías. Sin embargo, se financian con dinero público y rinden cuenta al estado de sus resultados educativos.

En forma paralela al creciente interés en las escuelas semiautónomas, existe el movimiento de la escuela en el hogar. Aunque es difícil determinar exactamente cuántos alumnos se educan con este sistema, la mayoría de las estimaciones acuerdan en alrededor de 1,5 millones. Ni las escuelas semiautónomas ni el sistema de la escuela en el hogar reproducen la misión educativa de las escuelas afiliadas a MEA. Sin embargo, directores creativos podrían explorar diferentes maneras de colaborar con estos movimientos que están surgiendo. Aunque las escuelas semiautónomas no tengan una base explícitamente religiosa, emprendedores educativos talentosos de las congregaciones menonitas podrían tomar la iniciativa de crear una escuela semiautónoma con el interés de la congregación y su participación, brindando apoyo escolar a los alumnos. Quizás las escuelas menonitas podrían ofrecer sus instalaciones deportivas a una red de escuelas en el hogar o el uso de su laboratorio los sábados.

Además, habría otros modelos educativos nuevos que considerar. Por ser tan pequeño el número de jóvenes menonitas que actualmente escogen asistir a una universidad menonita con un programa de cuatro años, las universidades menonitas afiliadas a MEA podrían ofrecer un "período de estudios menonita", que reuniría cursos de historia, teología, ética y literatura anabautista menonita en un solo semestre o durante los meses de verano, de manera que los alumnos que asisten a escuelas estatales u otras instituciones puedan obtener el máximo beneficio de asistir a una universidad menonita en un solo semestre. Seguramente sería aún mejor para los alumnos experimentar la vida comunitaria y las relaciones duraderas de una experiencia universitaria menonita completa, pero la asistencia durante varios meses con la oferta concentrada de cursos relacionados con los temas anabautistas menonitas sería ya un gran avance.

A diferencia de muchas otras denominaciones, la iglesia menonita no ha emprendido aún un ministerio sistemático para alcanzar a los alumnos que asisten a las grandes universidades públicas. Debido a que no es realista para un grupo de nuestro tamaño nombrar pastores para todas estas numerosas escuelas, MEA podría quizás patrocinar a varios profesores de nuestra iglesia para que sirvan como ministros o maestros itinerantes, ofreciendo los fines de semana cursos intensivos de historia y teología anabautista menonita para alumnos interesados, a la vez que comunican claramente que la iglesia aún se interesa por su bienestar espiritual.

Mayor diversidad cultural y étnica

Una de las transformaciones más dramáticas de las escuelas menonitas en las próximas décadas será el aumento de la diversidad racial y cultural en nuestro alumnado. Parte de este cambio es una consecuencia inevitable de las nuevas escuelas urbanas, que casi siempre muestran una mayor variedad cultural y racial. Otra parte refleja los cambios demográficos del país en general. En la actualidad, la población hispana de casi todos los pueblos y ciudades es mayor que la de hace diez años, y es probable que dichas tendencias no cambien. No obstante, la otra razón significativa para anticipar una mayor diversidad étnica en las escuelas menonitas del futuro es el crecimiento rápido de las congregaciones llamadas raciales/étnicas. En las comunidades tradicionales del centro del país, la membresía de las iglesias menonitas está estancada, mientras que crece en las iglesias menonitas urbanas en ciudades como Filadelfia, Baltimore, Los Ángeles y Chicago.

Las instituciones educativas menonitas están todas comprometidas oficialmente con los objetivos antirracistas generales de toda la iglesia. Sin embargo, en lo concreto las realidades no concuerdan siempre con nuestros compromisos profesados. Transformar nuestras instituciones de maneras que desaten plenamente los talentos de *todos* nuestros miembros exigirá un compromiso persistente y obstinado con el cambio. Necesitaremos una comunicación abierta y honesta, una disposición a involucrarnos pastoralmente con individuos que han sido heridos por el racismo, y una conciencia continua de las formas sistemáticas y estructurales de discriminación que pueden permanecer intactas a pesar de las mejores intenciones individuales. Sobre todo, la transformación requerirá la presencia de la gracia y el amor sanador de Dios. Una forma de evaluar si la iglesia menonita ha podido integrar plenamente la visión y la energía de sus miembros constituyentes es observar nuestro lenguaje. Cuando todos los grupos puedan hablar libre y naturalmente de "nosotros" en lugar de "nosotros/ellos", la iglesia estará un paso más cerca de sanar las heridas raciales que por tanto tiempo nos han dividido.

Una comunidad de fe que ha podido derribar las barreras de tribus, razas y etnias da un poderoso testimonio en el mundo. En el futuro, las escuelas menonitas deberían servir de guías al dar testimonio de la presencia reconciliadora de Cristo en sus relaciones interpersonales.

Aprender de la comunidad anabautista mundial

En la actualidad, cinco siglos después de sus comienzos en Suiza en el siglo 16, la fe anabautista menonita es verdaderamente un movimiento mundial. De acuerdo a la Conferencia Mundial Menonita, de los 1,6 millones de anabautistas bautizados en el mundo actual, solo 65.000 viven en Europa y 525.000 en Norteamérica. El resto —más de un millón— pertenece a la comunidad anabautista mundial, que vive en aproximadamente 80 países y se reúne en 227 grupos organizados.

Con el desplazamiento del centro numérico de la iglesia anabautista menonita de Europa a Norteamérica, el desafío de mantener un sentido de identidad compartida se vuelve cada vez más complejo. En el siglo pasado, la Conferencia Mundial Menonita ha sido un punto central de comunicación. Las asambleas periódicas han reunido a muchos grupos de anabautistas menonitas de todo el mundo para entablar diálogos, darse aliento mutuo y compartir dones espirituales y materiales.

Aunque las iglesias particulares que se relacionan con la Conferencia Mundial Menonita difieren en muchos puntos culturales y teológicos, todas se interesan por el tema de la educación. Los diversos grupos menonitas de Paraguay, por ejemplo, supervisan al menos ochenta escuelas; las iglesias menonitas y de los hermanos menonitas del Congo operan aproximadamente cuatrocientas escuelas. Cada grupo tiene un interés particular en proveer educación básica, capacitar a futuros líderes y fortalecer la autocomprensión teológica entre los laicos.

En julio de 2009, los educadores de numerosos países que se habían reunido para dialogar en la Conferencia Mundial Menonita en Asunción, Paraguay, tuvieron mucho que aprender unos de otros. ¿Qué tipo de asociaciones e iniciativas colaborativas podrían surgir de más oportunidades de diálogo sostenido e intencionado?

Es claro que el crecimiento dinámico de la iglesia anabautista menonita sucede actualmente entre los grupos del sur del mundo. El diálogo sobre el tema de la educación sería un punto natural de intercambio mutuo dentro de la comunidad mundial y podría fortalecer, estimular y renovar todos nuestros esfuerzos.

"Prueben y vean"

Los temas de la identidad, la crisis y la renovación son temas centrales familiares en la historia bíblica. Las palabras del salmista "Prueben y vean que el Señor es bueno" le ofrecen consuelo a un pueblo cansado. "¡Qué alegría para los que se refugian en él!", continúa el autor, pues aquellos que le temen "tendrán todo lo que necesitan…, a los que confían en el Señor no les faltará ningún bien" (Sal 34.8-10 NTV).

La promesa de la bondad y la providencia de Dios no se ofrece como una esperanza abstracta ni como una idea espiritual. La bondad de Dios no es un argumento intelectual ni teológico. No. La bondad de Dios es real y tangible. Existe para ser probada, saboreada, vivida, encarnada, experimentada y llevada a cabo. Conocer la bondad de Dios es celebrar con Dios en la bondad de la creación misma.

La encarnación —el Verbo hecho carne— es el punto de referencia fundamental para la teología anabautista menonita y la base de una filosofía cristiana de la educación desde una perspectiva anabautista menonita. En la persona de Cristo,

Dios se arriesga a ingresar al mundo en forma física para restaurar la relación de intimidad y amor que el pecado interrumpió. Las relaciones restauradas —con Dios, entre nosotros y con la creación— surgen del corazón mismo de las buenas nuevas del evangelio de Cristo.

Las escuelas comprometidas con una comprensión anabautista menonita de la fe cristiana reflejarán las cualidades de un evangelio encarnado. Se caracterizarán por un etos de adoración, una atención particular a la tradición y el cultivo de una comunidad auténtica. Sus maestros modelarán las disposiciones de la curiosidad, la razón, la alegría, la paciencia y el amor. La verdadera prueba de nuestra enseñanza se hará evidente en nuestros alumnos a través de su creciente atención a la presencia de Dios en la creación y en la expresión plena de todos los sentidos corporales. Una pedagogía de la encarnación resistirá siempre las fuerzas que quieren separar el espíritu de la materia, el intelecto de la fe o la gracia de las obras. Los educadores de la tradición anabautista menonita cultivarán en sus alumnos la capacidad de reconocer la mano sanadora de Dios en la creación, el coraje de participar con Dios de esa tarea restauradora y la gracia de reconocer que sólo damos fruto si permanecemos unidos a la vid verdadera.

* * *

Los habitantes de los pueblos católicos medievales plantaron bosques de robles, sabiendo que los resultados de su trabajo no se apreciarían plenamente sino al menos un siglo después. ¿Qué estamos haciendo ahora para anticiparnos a las necesidades de la iglesia en el siglo 22? ¿Mirarán con agradecimiento las generaciones futuras nuestra sabiduría, presagio y compromiso con las generaciones que aún no han nacido?

Todos los días experimentamos la bondad y la gracia de Dios. Todos los días somos llamados a dar testimonio de ello y compartirlo con otros.

¡Prueben y vean que el Señor es bueno!

Apéndice
Bibliografía y notas históricas para las escuelas menonitas

Para ver una lista completa y actual de las escuelas, visite www.mennoniteeducation.org.

Escuelas primarias y secundarias

Academia Menonita, Betania, Puerto Rico
Fecha de fundación: 1947
Fundación: No hay información disponible.

Academia Menonita, Summit Hills, Puerto Rico
Fecha de fundación: 1961
Fundación: La Iglesia Menonita de Summit Hills fundó la Academia Menonita en 1961 como una extensión de su misión para brindar educación menonita de calidad usando el inglés como idioma principal en la instrucción.

Belleville Mennonite School, Belleville, Pensilvania
Fecha de fundación: 1945
Fundación: Ministros locales que deseaban proveer educación cristiana para los niños de sus iglesias fundaron *Belleville Mennonite School* en 1945.

Bethany Christian Schools, Goshen, Indiana
Schrock, Devon, *Hearing Our Teacher's Voice: The Pursuit of Faithfulness at Bethany Christian Schools, 1954–2004*

(Escuchar la voz de nuestro maestro: la búsqueda de la fidelidad en *Bethany Christian Schools*, 1954-2004), Goshen, Indiana, *Bethany Christian Schools*, 2004.

Fecha de fundación: 1954

Fundación: En 1947, se formó el Comité de Estudio de la Vida en Comunidad en la Conferencia de Indiana y Michigan con el objetivo de "revisar cuidadosamente la estructura completa de nuestra vida en comunidad... y acercar las recomendaciones íntegras y bíblicas a nuestra próxima conferencia anual". Entre los elegidos por la conferencia para conformar la primera junta de Bethany estuvieron Harold S. Bender, Amos O. Hostetler, y Guy Hershberger.

Central Christian School, Kidron, Ohio

Fecha de fundación: 1961

Fundación: Menonitas del Viejo Orden de Kidron, Ohio — la mayoría perteneciente a una cooperativa de la Iglesia Menonita de Kidron— propusieron a la Conferencia de Ohio e Eastern construir una escuela secundaria menonita. Las ceremonias de inauguración se realizaron el 26 de noviembre de 1959. Este hecho marcó el comienzo de la primera escuela secundaria menonita en Ohio. *Central Christian School* abrió sus puertas en el otoño de 1961 con ocho profesores, cuatro miembros del personal de apoyo y 156 alumnos desde el grado noveno al doceavo. Clayton L. Swartzentruber, ministro de Chestnut Ridge, fue el director de la escuela.

Christopher Dock Mennonite School, Lansdale, Pensilvania

Ruth, Phil J., *A Special Love: The Founding and First Fifty Years of Christopher Dock Mennonite School, 1954–2004* (Un amor especial: la fundación y los primeros cincuenta años de *Christopher Dock Mennonite School*, 1954-2004). Lansdale, Pensilvania, *Christopher Dock Mennonite School*, 2004.

Fecha de fundación: 1954

Fundación: Líderes de iglesias de la Conferencia Menonita de Franconia en Pensilvania presentaron un cuestionario a las

iglesias de la zona para indagar sobre las necesidades educativas de sus jóvenes y la atención de sus necesidades espirituales. Las respuestas sugirieron que había necesidad de
una escuela secundaria menonita. La conferencia designó
un comité de estudio para la escuela. Sin embargo, no se
aprobó la escuela secundaria. Las congregaciones veían
más necesidad de escuelas primarias y una de nivel medio.
Por lo tanto, se erigieron en primer lugar las escuelas de
Penn View y Franconia. Siete años después, en 1952, Paul
Clemens, miembro de la primera junta, presentó nuevamente su plan para la escuela secundaria y esta vez tuvo
éxito.

Conestoga Christian School, Morgantown, Pensilvania
Fecha de fundación: 1952
Fundación: Se inició con un grupo de padres menonitas de la
zona de Lancaster que deseaban comenzar con la educación
espiritual de sus hijos desde una edad temprana.

Diamond Street Early Childhood Center, Akron, Pensilvania
Fecha de fundación: 1969
Fundación: El ministerio de DSECC es proveer a los niños
un cuidado enriquecedor, seguro y educativo que enfatice
el valor y la particularidad de cada uno en un ambiente
cristiano consistente con la misión anabautista de la Iglesia
Menonita de Akron (Pensilvania). El centro fue fundado
por los miembros de la iglesia.

Eastern Mennonite School, Harrisonburg, Virginia
Weaver, Dorothy J., *Eastern Mennonite High School: An
Experiment of Christian Faith in Education* (*Eastern
Mennonite High School*: un experimento de la fe cristiana
en la educación). Escrito no publicado, Biblioteca Histórica
Menonita, *Goshen College*, Goshen, Indiana, 1967.
Fecha de fundación: 1917
Fundación: Los planes para la escuela comenzaron en 1913
en las iglesias menonitas del este. En 1914, en una reunión
en Maugansville, Maryland, los participantes eligieron una

junta educativa y se decidió que Harrisonburg, Virginia, fuese el sitio para la escuela por su belleza natural.

Ephrata Mennonite School, Ephrata, Pensilvania

Shenk, Lois L., *The Story of Ephrata Mennonite School* (La historia de *Ephrata Mennonite School*), Ephrata, Pensilvania, producido por *Ephrata Mennonite School*, 1996.

Fecha de fundación: 1946

Fundación: No existe información disponible.

Freeman Academy, Freeman, Dakota del Sur

Hofer, Marnette D. O. y Marie J. Waldner, *Many Hands, Minds, and Hearts: A History of Freeman Junior College and Freeman Academy, 1900–2000* (Muchas manos, mentes y corazones: una historia de *Freeman Junior College* y *Freeman Academy*, 1900-2000), Freeman, Dakota del Sur, *Freeman Academy*, 2000.

Fecha de fundación: 1903

Fundación: A medida que los inmigrantes menonitas de Europa comenzaban a poblar el territorio de Dakota, Friederich C. Ortmann vio la necesidad de una escuela que ofreciera materias en inglés y clases de religión en alemán. En un emprendimiento que realizó prácticamente solo, Ortmann logró lentamente el apoyo de otras iglesias menonitas de la zona. La Corporación de *South Dakota Mennonite College* se organizó en 1900, conformando una junta de directores para los planes futuros de la escuela.

Greenwood Mennonite School, Greenwood, Delaware

Bender, Nevin, *Our School, 1928–1959* (Nuestra escuela, 1928-1959), Greenwood, Delaware, *School*, 1958.

Souvenir Booklet: Fiftieth Anniversary Greenwood Mennonite School, 1928–1978 (Cuadernillo de suvenir: cincuentenario de *Greenwood Mennonite School*), Greenwood, Delaware, Las Iglesias Menonitas de Greenwood, 1978.

Fecha de fundación: 1928

Fundación: *Greenwood Mennonite School* tiene la particularidad de ser la escuela primaria más antigua entre las que aún funcionan. Comenzó en marzo de 1928, después de que alumnos menonitas fueran expulsados de una escuela pública por negarse, por motivos de conciencia, a saludar y jurar lealtad a la bandera estadounidense. Bajo la guía capaz de Nevin Bender, la congregación logró mantener a la escuela activa aún en los años difíciles de la década de 1930. *Greenwood Mennonite School* pertenece a las Iglesias Menonitas de Cannon y Greenwood, y es operada por estas.

Hinkletown Mennonite School, Ephrata, Pensilvania
Fecha de fundación: 1981
Fundación: En 1980, los miembros de la iglesia menonita cercana de Weaverland expresaron interés por una escuela menonita. Hinkletown se fundó con ayuda de la Junta de Educación de la Conferencia Menonita de Lancaster. Todos los padres que envían a sus hijos a *Hinkletown Mennonite School* son miembros de la corporación de la escuela, dirigida por una junta de ocho miembros. La escuela se relaciona con la iglesia general por medio de un comité de relaciones entre la iglesia y la escuela.

Hopi Mission School, Kykotsmovi, Arizona
Esch, Andrew, *Dividing Lines in Hopiland: Hopi Mission School, 1951–1992* (Límites divisorios en tierra hopi: *Hopi Mission School*, 1951-1992), ensayo para un curso de historia de *Goshen College*, Biblioteca Histórica Menonita, Goshen, Indiana, 2007.
Fecha de fundación: 1951
Fundación: *Hopi Mission School* fue creada por un grupo de familias cristianas hopi que querían que sus hijos aprendieran las enseñanzas de la Biblia. Antes de que se construyera la escuela, la misma funcionaba en la iglesia menonita de New Oraibi, localidad que actualmente se denomina Kykotsmovi. Los padres pidieron al reverendo Albert Jantzen, pastor de New Oraibi en ese momento, que edificara una escuela para sus hijos. En 1951 se construyó una escuela de un solo edificio para 26 alumnos. Con la

excepción del ciclo lectivo 1991-1992, *Hopi Mission School* estuvo en funcionamiento desde su inicio.

Iowa Mennonite School, Kalona, Iowa

Yoder, Franklin L., *Opening a Window to the World: A History of Iowa Mennonite School: Celebrating Fifty Years of Iowa Mennonite School, 1945–1995* (Abrir una ventana al mundo: una historia de *Iowa Mennonite School*: celebrando los cincuenta años de *Iowa Mennonite School*, 1945-1995), Kalona, Iowa, *Iowa Mennonite School*, 1994.

Fecha de fundación: 1945

Fundación: En respuesta al creciente patriotismo en torno a la Segunda Guerra Mundial, los menonitas de Iowa solicitaron una escuela religiosa. Amos Gingerich, un ministro de West Union, habló en la reunión de la Junta Ministerial del Sudeste de Iowa que se llevó a cabo en la Iglesia Menonita Wellman. Con la ayuda de MBE, se eligió un comité para de conformar la junta de la nueva escuela.

Juniata Mennonite School, McAlisterville, Pensilvania

Brubaker, Barbara E, David M. Brubaker y Miriam K. Lauver, *Let's Reminisce: D.m.s—J.m.s; 30 Years of Christian Education, 1954–1983* (Hagamos memoria: *D.m.s— J.m.s*; 30 años de educación cristiana, 1954-1983). Thompsontown, Pensilvania, *Juniata Mennonite School*, 1983.

Fecha de fundación: 1954

Fundación: *Juniata Mennonite School* fue fundada en 1954 por un grupo de familias menonitas interesadas en ofrecer educación cristiana a sus hijos. La congregación menonita de Delaware ofreció el edificio de su iglesia recién desocupado y la escuela recibió el nombre de *Delaware Mennonite School*. En 1980, se formó una nueva organización y la escuela quedó bajo la dirección de una asociación de patrocinadores. Se cambió el nombre de la escuela y comenzó a llamarse *Juniata Mennonite School*.

Lake Center Christian School, Hartville, Ohio

Yoder, Elmer S., *Celebrating God's Faithfulness* (Celebrar la fidelidad de Dios), Hartville, Ohio, *Lake Center Christian School*, 1997.

Fecha de fundación: 1947

Fundación: La formación de *Lake Center Christian School* fue un emprendimiento particular, debido a que no existía una escuela igual o equivalente. Patrocinadores de cualquiera de las cinco congregaciones —amish del Viejo Orden, amish Beachy, amish King y de las iglesias menonitas de Hartville y Maple Grove— eran parte del cuerpo de patrocinadores. Todos los miembros patrocinadores eran posibles miembros de la junta, y los ministros que pertenecían al cuerpo de patrocinadores eran, al comienzo, automáticamente parte del Comité de Bienestar Social Religioso. Los amish no sólo inscribieron a sus hijos, sino que participaron activamente de la administración de la escuela a través de la membresía en la junta en un comité de asuntos religiosos. Veinte cabezas de familia firmaron la nota bancaria de $17.000. La escuela se denominó originalmente *Lake Center Christian Day School*. El primer año tuvo 180 alumnos, con cinco maestros que enseñaban los ocho grados y dos clases de secundaria.

Lancaster Mennonite School

Kraybill, Donald B., *Passing on the Faith: The Story of a Mennonite School* (Transmitir la fe: la historia de una escuela menonita), Intercourse, Pensilvania, Good Books, 1991.

Good, Elaine W., *A School Grows in Donegal: The Story of the Kraybill Mennonite School, 1949–1999* (Una escuela crece en Donegal: la historia de *Kraybill Mennonite School*, 1949-1999), Mount Joy, Pensilvania, *Kraybill Mennonite School*, 1999.

Fecha de fundación: *Lancaster Mennonite School* se creó cuando se fusionaron *Lancaster Mennonite High School* (fundada en 1942), *Lancaster Mennonite Middle School* (fundada en el año 2000) y *New Danville Mennonite School* (fundada en 1940) en 2002. En 2003, *Lancaster Mennonite School* y *Locust Grove Mennonite School* (fundada en 1939) se fusionaron y en 2006, *Lancaster Mennonite School* y *Kraybill Mennonite School* (fundada en 1949) hicieron lo mismo, creando la actual *Lancaster Mennonite School*. Se conoce como:

* *Lancaster Mennonite School* - Campus Kraybill, prejardín a 8° grado
* *Lancaster Mennonite School* - Campus Lancaster, 6° a 12° grado
* *Lancaster Mennonite School* - Campus Locust Grove, prejardín a 8° grado
* *Lancaster Mennonite School* - Campus New Danville, prejardín a 6° grado

Fundación: Un factor clave para las fusiones que crearon la *Lancaster Mennonite School* fue la necesidad de fortalecer las raíces anabautistas y la conexión con la Iglesia Menonita de EE. UU. Además, las fusiones tenían la intención de lograr una capacidad mayor, desarrollar un currículo planificado para prejardín a doceavo grado, y aprovechar las eficiencias organizativas. Las escuelas que se fusionaron creían que su misión en común de educación menonita podía lograrse mejor combinándose en una sola escuela nueva más que como varias escuelas independientes.

Lititz Area Mennonite School, Lititz, Pensilvania

Fecha de fundación: 1978

Fundación: *Lititz Area Mennonite School* abrió sus puertas en septiembre de 1978 con 67 alumnos provenientes de 41 familias, en representación de 23 congregaciones diferentes y un personal de seis profesores. *Lititz Area Mennonite School* tenía algunas características particulares. En sus comienzos la escuela requirió un código de vestimenta que aún rige en la actualidad. Se adoptó un programa de apoyo para cubrir las necesidades de los alumnos con dificultades de aprendizaje que aún es parte integral del programa en la actualidad. Los fundadores publicaron la siguiente declaración de misión: "El propósito de la educación en *Lititz Area*

Mennonite School es proveer a cada alumno el trasfondo académico de excelencia necesario para enfrentar el desafío del futuro y nutrir una firme creencia en la Biblia y en Jesucristo como Señor de todas las áreas de la vida, y sostener las creencias de la comunidad de paz de la iglesia en el área de Lititz".

Manheim Christian Day School, Manheim, Pensilvania

Garber, Janice M. y Nancy Witmer, *Manheim Christian Day School 50th Anniversary History: 1952-2002* (Historia de *Manheim Christian Day School* en su cincuentenario: 1952-2002), Manheim, Pensilvania, publicado por *Manheim Christian Day School*, 1991.

Fecha de fundación: 1953

Fundación: En 1952, un grupo de padres menonitas y líderes de iglesias preocupados por los cambios en el sistema de la escuela pública fundó *Manheim Christian Day School* para transmitir los valores bíblicos a la próxima generación. En el otoño de 1952, la escuela abrió sus puertas; desarrollaba sus clases en dos escuelas de una sala. Uno de los sitios sólo podía utilizarse durante un período escolar, pero Thomas y Richard Penn (hijos de William Penn) cedieron a los menonitas el terreno para su nueva ubicación (actual). En marzo de 1953 se inauguró el lugar para la nueva escuela. El 8 de septiembre de 1953, la escuela abrió con 79 alumnos. En la actualidad, *Manheim Christian Day School* brinda sus servicios a alumnos de un amplio abanico de denominaciones y continúa su misión de inculcar una educación con valores bíblicos mediante la tarea de los maestros y el personal de "educar mentes y nutrir corazones".

Mount Clare Christian School, Baltimore, Maryland

Fecha de fundación: 1998

Fundación: El camino para llegar a la actual *Mount Clare Christian School* comenzó en 1997, año en que varios miembros de la Iglesia Menonita de Wilkens Avenue sintieron la necesidad de contar con una escuela cristiana en su comunidad. Muchos de los alumnos del nivel medio estaban abandonando la escuela y cayendo en patrones de delincuencia. En 1998, varios miembros de la iglesia —dos de ellos maestros del sistema de la escuela pública de la ciudad de Baltimore— comenzaron a explorar esta visión. Existían razones convincentes para iniciar la escuela. El índice de deserción excedía el 80 por ciento en el vecindario y muchos alumnos dejaban en el nivel medio. Las escuelas públicas locales presentaban dificultades para cubrir todas las necesidades de sus alumnos.

New Covenant Christian School, Lebanon, Pensilvania
Fecha de fundación: 1981
Fundación: No existe información disponible.

New Holland Early Learning Center, New Holland, Pensilvania
Fecha de fundación: 1981
Fundación: No existe información disponible.

Penn View Christian School, Souderton, Pensilvania
Ruth, Phil J., *Sowing Seeds of Faith: The Founding and First Fifty Years of Penn View Christian School, Formerly Franconia Mennonite School, 1945–1995* (Sembrar semillas de fe: la fundación y los primeros cincuenta años de *Penn View Christian School,* ex *Franconia Mennonite School,* 1945-1995), Souderton, Pensilvania, *Penn View Christian School,* 1995.
Fecha de fundación: 1945
Fundación: Un grupo de personas de la Conferencia de Franconia fundaron *Penn View* como una escuela primaria cristiana para comenzar a nutrir espiritualmente a sus hijos a temprana edad. Dentro de las escuelas del estado, fue una de las primeras parroquiales, sustentadas por patrocinadores y administrada por padres.

Philadelphia Mennonite High School, Filadelfia, Pensilvania
Fecha de fundación: 1998
Fundación: En 1993, se formó un equipo de trabajo que se

reunió con un grupo culturalmente diverso de pastores menonitas de Filadelfia. Ellos hicieron un planteo interesante argumentando la necesidad de contar con una escuela secundaria que pudiera: (1) enseñar un espíritu de reconciliación y de hacer la paz entre los jóvenes; (2) capacitar a los jóvenes para que sean miembros activos y líderes en la iglesia y la comunidad. En 1996, se formó una junta de directores para la nueva escuela secundaria. Un comité de búsqueda se reunió para encontrar un director dedicado que guiara este nuevo proyecto. La Dra. Barbara Moses fue escogida por su fuerte compromiso con Dios y con la familia de la iglesia, así como por coincidir con las creencias anabautistas. Sus treinta años de servicio como educadora urbana y su filosofía educativa reflejaron lo que la junta tenía en mente. A comienzos de 1998, la junta compró un edificio de tres pisos sobre una calle tranquila cerca del Museo de Arte de Filadelfia.

Quakertown Christian School, Quakertown, Pensilvania
Fecha de fundación: 1951
Fundación: *Quakertown Christian School* se fundó en 1951 como una institución educativa de la Iglesia Menonita. El sueño de los fundadores era proveer la opción de una educación cristiana al público potencial del condado de Upper Bucks. La mayoría de los fundadores pertenecían a la Iglesia Menonita de Rocky Ridge y a la comunidad menonita circundante. *Quakertown Christian School*, que comenzó como un pequeño emprendimiento, abrió sus puertas el 11 de septiembre de 1951, en el sótano de la Iglesia Menonita de Rocky Ridge, con 19 alumnos desde jardín a octavo grado.

Rockway Mennonite Collegiate, Kitchener, Ontario
Steiner, Samuel J., *Lead Us On: A History of Rockway Mennonite Collegiate. 1945–1995* (Guíanos: una historia de *Rockway Mennonite Collegiate* , 1945-1995), Kitchener, Ontario, *Rockway Mennonite Collegiate*, 1995.
Fecha de fundación: 1945

Fundación: En 1943, la junta educativa de *Ontario Mennonite School* recomendó a la Conferencia Menonita de Ontario que investigara la posibilidad de crear una escuela secundaria menonita. Al poco tiempo, la conferencia designó un comité de estudio y las clases comenzaron en 1945.

Sarasota Christian School, Sarasota, Florida
Fecha de fundación: 1958

Fundación: En 1957, un grupo de 20 padres se reunió en la Iglesia Menonita de Tuttle Avenue para discutir la posibilidad de una escuela secundaria menonita en Florida. Durante el primer año, *Christian Day School* funcionó en la iglesia de Tuttle Avenue. Aunque todos los maestros y el personal pertenecían a Tuttle Avenue, también asistían niños de otras iglesias de la zona.

Shalom Christian Academy, Chambersburg, Pensilvania
Fecha de fundación: 1976

Fundación: *Shalom Christian Academy* comenzó como resultado del movimiento de escuelas cristianas que se produjo entre fines de la década de 1960 e inicios de la década de 1970. Las familias de las iglesias menonitas, de hermanos en Cristo y de la iglesia de los hermanos querían ofrecer a los alumnos la oportunidad de educarse desde una perspectiva anabautista. Shalom abrió en 1976 con la misión de asistir a "los padres que buscan brindar una educación de calidad desde una perspectiva bíblica y con un énfasis anabautista". Más de 60 alumnos y maestros de esta escuela no denominacional pertenecen a iglesias anabautistas.

The Peace and Justice Academy, Pasadena, California
Fecha de fundación: 2009

Fundación: En el verano de 2008, los miembros de la Iglesia Menonita de Pasadena comenzaron a conversar sobre la idea de iniciar una escuela. Su abordaje de la educación está basado en la histórica tradición anabautista menonita de la fe, el trabajo por la paz, la preocupación por los pobres y los privados de sus derechos, y la creación de una comunidad genuina y compasiva. En la actualidad, *The Peace and Justice Academy* funciona en la Iglesia de los Hermanos de Pasadena.

United Mennonite Educational Institute, Leamington, Ontario
United Mennonite Educational Institute, Leamington, Ontario: Its Origin and Growth, 1945–1975 (*United Mennonite Educational Institute*, Leamington, Ontario: su origen y crecimiento, 1945-1975), Leamington, Ontario, *United Mennonite Educational Institute*, 1975.
Fecha de fundación: 1944
Fundación: Para compensar la carencia de escuelas secundarias privadas relacionadas con la iglesia como aquellas a las que estaban acostumbrados muchos inmigrantes menonitas rusos que arribaron a Leamington durante la década de 1920, se organizó una escuela bíblica orientada a los jóvenes en el sótano de la Iglesia Menonita Unida de Leamington. Al poco tiempo se introdujeron al currículo las clases de alemán. A medida que este programa creció con los años, se evidenció la necesidad y el interés por una escuela formal. Al momento de su fundación, los primeros maestros eran miembros de la Iglesia Menonita Unida.

Warwick River Christian School, Newport News, Virginia
Fecha de fundación: 1942
Fundación: *Warwick River Christian School* fue en gran parte la visión de George R. Brunk II, quien había pertenecido al equipo ministerial de Warwick River desde su elección por sorteo a los 22 años, en 1934. En toda la iglesia menonita había un creciente interés por establecer escuelas para la educación focalizada de los niños menonitas, lo cual motivó los esfuerzos de George. Los menonitas de Denbigh recibieron el aliento de Isaac Glick, un motivador clave en el lanzamiento de *Locust Grove Mennonite School* en el condado de Lancaster, Pensilvania. El 21 de septiembre de 1942 se inscribieron 21 niños de primero a tercer grado en *Warwick River Christian School*, que se reunía en el sótano de la Iglesia Menonita de Warwick River.

West Fallowfield Christian School, Atglen, Pensilvania

Kauffman, Ruth L., *That They May Know God: West Fallowfield Christian School, 1941–1991* (De modo que conozcan a Dios: *West Fallowfield Christian School*, 1941-1991), Atglen, Pensilvania, *West Fallowfield Christian School*, 1991.

Fecha de fundación: 1941

Fundación: *West Fallowfield Christian School* se formó para trabajar junto a las familias cristianas en la educación y la crianza de sus hijos.

Western Mennonite School, Salem, Oregón

Lloyd, Melva Y., *Celebrating the Vision: Memories of Fifty Years at Western Mennonite School* (Celebrar la visión: memorias de cincuenta años en *Western Mennonite School*), Dexter, Michigan, impreso por Thompson-Shore, 1996.

Fecha de fundación: 1945

Fundación: Líderes de la Conferencia de Pacific Coast —Marcus Lind, Milton Martin, y G. D. Shenk— fueron nombrados como miembros del comité para fundar una escuela secundaria para los jóvenes menonitas de su distrito.

Universidades

Bethel College, North Newton, Kansas

Wedel, Peter J., *The Story of Bethel College* (La historia de *Bethel College*), North Newton, Kansas, Bethel College, 1954.

Fecha de fundación: 1887

Fundación: Después de los esfuerzos de los menonitas de Kansas por fundar instituciones religiosas de educación superior (*Halstead Seminary* y *Emmental School*, ambos en Kansas), surgió otro proyecto que comenzó en 1887, cuando la Asociación de *Newton College* (NCA, por sus siglas en inglés) se reunió con el objetivo de fundar una "universidad no sectaria pero religiosa". La primera etapa de planificación para *Bethel College* estuvo pronto entre las prioridades de NCA. Sin embargo, aparecieron tensiones entre NCA y la Conferencia Menonita de Kansas respecto a la dirección

religiosa y el aspecto económico, lo cual amenazó con de-
tener la planificación por completo. David Goerz propuso
una nueva política que mitigaría tanto las leyes estatales
como la dirección religiosa que planteaba *Bethel*, de modo
que en 1887 se firmó un acta constitutiva, que entregaba a
la conferencia menonita los derechos de la universidad.

Bluffton University, Bluffton, Ohio

[Miembros del personal docente], *Bluffton College: An
Adventure in Faith, 1900–1950* (Bluffton College: una
aventura en la fe, 1900-1950), Bluffton, Ohio, impreso por
Berne Witness Press, 1950.

Bush, Perry. *Dancing with the Kobzar: Bluffton College and
Mennonite Higher Education, 1899–1999* (Danzar con el
Kobzar: *Bluffton College* y la educación menonita superior,
1899-1999), *Studies in Anabaptist and Mennonite History*
38 (Estudios de la historia anabautista y menonita), Telford,
Pensilvania, Pandora Press, 2000.

Smith, C. H. y E. J. Hirschler, *The Story of Bluffton College* (La
historia de *Bluffton College*), Bluffton, Ohio, *Bluffton College*,
1925.

Fecha de fundación: 1900

Fundación: Una vez que se expresó interés en comenzar una
universidad en Ohio, la Conferencia de Middle District de
la Iglesia Menonita de la Conferencia General designó un
comité de tres integrantes, N. C. Hirschy, J. F. Lehman y J.
B. Baer, para iniciar la planificación. Aunque en los años
siguientes los comités fluctuaron, la Conferencia de Middle
District, especialmente bajo el liderazgo de Noah Hirschy,
se convirtió en la fuerza motivadora para la formación de
Bluffton (fundado originalmente como *Central Mennonite
College*).

Eastern Mennonite University, Harrisonburg, Virginia

Pellman, Hubert R. *Eastern Mennonite College, 1917–1967: A
History* (*Eastern Mennonite College*, 1917-1967: una historia), Harrisonburg, Virginia, *Eastern Mennonite College*,
1967.

Fecha de fundación: 1917

Fundación: Frustrados por la falta de una institución menonita de educación superior en el este, George R. Brunk, John Shank, Adam Baer y Daniel Shenk, de la congregación menonita de Denbigh, Virginia, enviaron una circular para generar interés dentro de la comunidad. A partir de allí, se formó una junta y se elaboró una constitución. Los esfuerzos por asociar a la escuela con la Junta de Educación Menonita (MBE, por sus siglas en inglés) se enfrentaban siempre a la crítica por la relación de MBE con *Goshen College* y el liberalismo. *Eastern Mennonite College* iba a ser conservadora e iba a estar bajo el control absoluto de la iglesia.

Goshen College, Goshen, Indiana

Miller, Susan Fisher, *Culture for Service: A History of Goshen College, 1894–1994* (Cultura para el servicio: una historia de *Goshen College*, 1894-1994), Goshen, Indiana, *Goshen College*, 1994.

Fecha de fundación: 1894

Fundación: Fue fundado originalmente en 1894 como *Elkhart Institute* por Henry A. Mumaw y J. F. Funk. En ese momento la escuela no estaba relacionada de manera clara con la Iglesia Menonita (aunque recibía apoyo de la Iglesia Menonita de Prairie Street). En 1903, la escuela se mudó hacia el este y se convirtió en *Goshen College*. Junto con ese cambio, la Asociación de *Elkhart Institute* pasó a funcionar bajo la autoridad de MBE. De allí en adelante, las conferencias regionales de la Iglesia Menonita eligieron a los nuevos miembros de la junta.

Hesston College, Hesston, Kansas

Sharp, John E., *A School on the Prairie: A Centennial History of Hesston College, 1909–2009* (Una escuela en la pradera: una historia centenaria de *Hesston College*, 1909-2009), Telford, Pensilvania, Cascadia, 2009.

Fecha de fundación: 1909

Fundación: T. M. Erb, un predicador menonita de Pensilvania, estaba frustrado por la falta de una escuela de la Iglesia

Menonita en la zona oeste (*Bethel College* pertenecía a la Iglesia Menonita de la Conferencia General y *Goshen College*, si bien se alineaba con la Iglesia Menonita, quedaba a casi 1.300 km de distancia. En 1907, por solicitud de los delegados de la Conferencia de Kansas y Nebraska, MBE designó un comité ejecutivo, que más adelante, en 1909, fundó la escuela bajo el nombre de "*Hesston Mennonite School*".

Seminarios

Associated Mennonite Biblical Seminaries, Elkhart, Indiana

Preheim, Vern, *A History of the Formation of Associated Mennonite Biblical Seminaries* (Una historia de la formación de *Associated Mennonite Biblical Seminaries*), escrito sin publicar, Biblioteca Histórica Menonita, *Goshen College*, Goshen, Indiana, 1960.

Fecha de fundación: 1957

Fundación: *Associated Mennonite Biblical Seminaries* (AMBS, por sus siglas en inglés) fue un esfuerzo conjunto entre las denominaciones de la Conferencia General (GC) y la Iglesia Menonita (MC). En 1957, *Mennonite Biblical Seminary* de Chicago y *Goshen Biblical Seminary* se unieron en el predio actual de Elkhart. Este esfuerzo cooperativo inició la unión formal que en 2002 produjo la fusión de ambas denominaciones para conformar la Iglesia Menonita de EE. UU.

Eastern Mennonite Seminary, Harrisonburg, Virginia

Reitz, Judith A., *History of Eastern Mennonite Seminary* (Una historia de *Eastern Mennonite Seminary*), escrito sin publicar, Biblioteca Histórica Menonita, *Goshen College*, Goshen, Indiana, 1977.

Fecha de fundación: 1965

Fundación: El interés por un seminario en la zona este comenzó en *Eastern Mennonite College* en 1921. J. B. Smith y C. K. Lehman estuvieron entre los líderes eclesiales que presionaron por la fundación de la escuela. La junta de *Eastern Mennonite College* aceptó el plan en 1958 y se ofreció un curso de posgrado de un año durante el ciclo escolar de

1960-1961. El seminario se fundó recién en 1965 con un nombre formal y un presidente propio.

Para ver una lista completa y actual de las escuelas, visite www.mennoniteeducation.org.

Notas

Introducción

1. Estos números se tomaron de *"Fast Facts"* (Datos rápidos), del Centro Nacional de Estadísticas Educativas. Ver www.nces. ed.gov/fastfacts/display.asp?id=372.

2. Además de las escuelas vinculadas formalmente a MEA, existen cientos de escuelas pertenecientes a otros grupos anabautistas como los menonitas conservadores, los amish Beachy y los amish del Viejo Orden. Y varias escuelas pertenecientes a la Iglesia Menonita de EE. UU. no están afiliadas a MEA.

3. Para ver ejemplos del abordaje de la reforma puede buscar: Clifford Williams, *The Life of the Mind: A Christian Perspective* (La vida de la mente: una perspectiva cristiana), Grand Rapids, Baker Academic, 2002; Francis Beckwith, William Lane Craig y J. P. Moreland, eds., *To Everyone an Answer: A Case for the Christian Worldview* (Para todos una respuesta: defensa de la cosmovisión cristiana), Downers Grove, Illinois, InterVarsity, 2004. Para un estudio etnográfico de la educación cristiana conservadora, ver: Alan Peshkin, *God's Choice: The Total World of a Fundamentalist Christian School* (La elección de Dios: el mundo total de una escuela cristiana fundamentalista), Chicago, University of Chicago Press, 1986; y John Evans, *Clint's Story: A Public Schoolteacher's Case for Homeschooling* (La historia de Clint: defensa de la escuela en el hogar por parte de un maestro de escuela pública), Seattle, CreateSpace, 2009.

4. Dos claras excepciones a esta generalización son Daniel Hertzler, *Mennonite Education: Why and How? A Philosophy of Education for the Mennonite Church* (Educación menonita: ¿por qué y cómo? Una filosofía de la educación para la iglesia menonita), Scottdale, Pensilvania, Herald Press, 1971; y Sara

231

232 *Notas*

Wenger Shenk, *Anabaptist Ways of Knowing: A Conversation about Tradition-Based Critical Education* (Formas anabautistas de conocer: una conversación sobre la educación crítica basada en la tradición), Telford, Pensilvania, Cascadia, 2003. Otra excepción que merece ser mencionada es Christopher Dock, cuyo ensayo *Schul-Ordnung*, escrito en 1750 y publicado en 1769, fue el primer manual pedagógico publicado en la época colonial de América.

Capítulo 1: El contexto de la educación menonita en Norteamérica

5. Para leer un recuento de la controversia, ver Harold Huber, *With Eyes of Faith: A History of Greenwood Mennonite Church, Greenwood, Delaware, 1914-1974* (Con los ojos de la fe: una historia de la Iglesia Menonita de Greenwood , 1914-1974), Greenwood, Delaware, Country Rest Home, 1974, pp. 88-103.

6. Entrevista de John D. Roth a David Yoder del 28 de septiembre de 2009.

7. Donald Kraybill, *Passing on the Faith: The Story of a Mennonite School* (Transmitir la fe: la historia de una escuela menonita), Intercourse, Pensilvania, Good Books, 1991, pp. 9-11.

8. "Fast Facts" (Datos rápidos), Centro Nacional de Estadísticas Educativas.

9. Wladimir Süss, *Das Schulwesen der deutschen Minderheit in Russland: Von den ersten Ansiedlungen bis zur Revolution 1917*; Köln, Bühlau, 2004.

10. Kraybill, *Passing on the Faith*, p.13.

11. Estos números surgen de Paul Toews, *Mennonites in American Society: Modernity and the Persistence of Religious Community* (Los menonitas en la sociedad estadounidense: la modernidad y la persistencia de la comunidad religiosa), Scottdale, Pensilvania, Herald Press, 1996, p. 173; Steven M. Nolt ha notado que estos porcentajes pueden ser demasiado altos, debido a que algunas comunidades con mayor población menonita no incluyeron en estos cálculos los hombres a los que se les habían asignado prórrogas agrícolas como objetores de conciencia. *Through Fire and Water: An Overview of Mennonite History* (Por fuego y agua: un resumen de la historia menonita), edición revisada, Scottdale, Pensilvania, Herald Press, 2010, p. 316, fn. 6.

12. Donald Kraybill, *Mennonite Education: Issues, Facts and Changes* (Educación menonita: temas, hechos y cambios), Scottdale, Pensilvania, Herald Press, 1978, p. 68.

13. Algunas escuelas, especialmente *Bluffton University*, tuvieron un alto porcentaje de diversidad en el alumnado casi desde el principio. Pero estas eran claras excepciones a la regla.

Capítulo 3: Crear comunidades de aprendizaje

14. C. S. Lewis, *Sorprendido por la alegría*, Santiago de Chile, Andrés Bello, 1998.

15. Para leer una buena biografía de Christopher Dock con citas de muchos de sus escritos, ver Gerald C. Struder, *Christopher Dock, Colonial Schoolmaster: The biography and Writings of Christopher Dock* (Christopher Dock, maestro colonial: biografía y escritos de Christopher Dock), Scottdale, Pensilvania, Herald Press, 1993.

Capítulo 4: Resultados de una educación menonita

16. "*Fast Facts*" (Datos rápidos), Centro Nacional de Estadísticas Educativas.

17. Miroslav Volf, *Exclusion and Embrace: A Theological Exploration of Identity, Otherness, and Reconciliation* (Exclusión y acogida: una exploración teológica de la identidad, la alteridad y la reconciliación), Nashville, Tennessee, Abingdon Press, 1995.

18. De ciertas maneras, "aprendizaje experimental" es un término desafortunado debido a que la lectura, el pensamiento y la meditación son también experiencias reales, al igual que un período de prácticas o un servicio de corto plazo.

19. Richard Louv, *Last Child in the Woods: Saving Our Children from Nature-Deficit Disorder* (El último niño en los bosques: salvar a nuestros niños del trastorno de déficit de naturaleza), Chapel Hill, Carolina del Norte, Algonquin Books, 2006.

Capítulo 5: Mantener viva la conversación

20. Ver el libro del Consejo de Educación Secundaria Menonita denominado "Libro para establecer una escuela menonita" (*Handbook to Establish a Mennonite School*) para encontrar asesoramiento útil y práctico para comenzar

una escuela nueva. Las copias están disponibles en la Agencia Menonita de Educación.

Capítulo 6: Mirar al futuro

21. Laurie Oswald Robinson, "*A Priceless Education*" (Educación sin precio), *The Mennonite*, 20 de enero de 2009, 10.

22. Theron F. Schlabach, *Peace, Faith, Nation: Mennonites and Amish in Nineteenth-Century America* (Paz, fe y nación: menonitas y amish en el Estados Unidos del siglo 19, Scottdale, Pensilvania, Herald Press, 1988, 295.

23. Se pueden encontrar conclusiones como estas, entre otras, en Conrad Kanagy, *Road Signs for the Journey: A Profile of Mennonite Church USA* (Señales de tránsito para el viaje: un perfil de la Iglesia Menonita de EE. UU.), Scottdale, Pensilvania, Herald Press, 2007.

24. David J. Koon, "*On the Brink of Disaster?*" (¿Al borde del desastre?), *John William Pope Center for Higher Education Policy* (Centro John William Pope de políticas para la educación superior), 20 de agosto de 2009, www.popecenter.org/news/article.html?id=2220 (último acceso el 29 de septiembre de 2010).

25. Shane Hipps, *Flickering Pixels: How Technology Shapes Your Faith* (Pixeles parpadeantes: cómo la tecnología moldea su fe), Grand Rapids, Michigan, Zondervan Press, 2009.

El autor

John D. Roth es profesor de historia de *Goshen College*; allí también es editor del *Mennonite Quarterly Review* y director de la Biblioteca Histórica Menonita.

Es autor de numerosos libros y artículos sobre temas relacionados con la teología y la historia anabautista menonita.

Él y su esposa, Ruth, son padres de cuatro hijas y miembros activos de la Iglesia Menonita de Berkey Avenue de Goshen, Indiana.

www.ingramcontent.com/pod-product-compliance
Lightning Source LLC
LaVergne TN
LVHW051046080426
835508LV00019B/1723